산나물들나물

권영한 감수 / 김철영 지음

전원문화사

산과 들은 자연의 식탁

산과 들에 자연히 자라고 있는 풀과 열매를 따먹는다는 것은 사람이 살기 시작한 태고 때부터의 꾸준한 생활 방편이었을런지 모른다. 그러나 현대와 같이 과학이 발달하고 바이오테크놀러지가 개발되고 있는 오늘날, 색다른 취미로서 산나물, 들나물 채취를 위해 산에 오르는 사람이 늘고 있다. 도시는 매연과 소음으로 공기가 오염되고 있고, 인간에게는 알 수도 없는 암, 에이즈, 당뇨병과 같은 고질병이 생기고 있는 이때에 주말이나마, 맑은 공기를 마시며 자연의 녹초를 채취하여 건강하게 살겠다는 것은 오늘날 누구나가 다 갈망하는 것이다.

우리는 이른봄부터 여름, 가을까지 산에 오르면 많은 야생초와 나무 열매를 접하게 된다. 그러나 막상 어느 풀과 과일을 먹으면 되고 먹어서는 안 되는지 몰라 나물을 채취하려 하여도 몰라서 못한다. 또한 과일이 보기 좋게 열려 있으나 저 과일이 무엇인지 몰라 도무지 따먹을 수가 없다. 우선 우리가 봄에 산에 오르면 취, 고사리, 더덕, 밀대와 같이 좋은 산채가 많고 가을에는 밤, 도토리, 개암, 으름과 같은 맛있는 과일이 많이 난다. 이와 같은 산채, 과일이 많으나 몰라서 못 채취하는 분들을 위하여 130종의 나물과 과일들을 사진과 함께 알기 쉽게 설명하였다.

우리가 산에 오르면 산채를 채취하는 즐거움과 먹을 수 있는 것을 딴다는 기쁨 그리고 딴 것을 먹는다는 것은 물론이지만 그 이상으로 이러한 산야를 거닐므로써 자연을 한껏 만끽할 수 있다는 즐거움은 더 큰 것이다.

산채는 대자연의 우아함, 아름다움, 힘차고 풍요로운 것을 느낄 수 있으며 또한 산채는 모양과 생김새는 물론이고 맛도 각기 다른 강한 개성이 있어 수많은 산채 중 우리가 쉽게 채취할 수 있는 것을 골라 본서에 실었다. 좀더 풍부한 설명과 품종을 실었으면 좋으나 미약하나마 본서로써 산채 채취에 조금이라도 도움이 되었으면 하는 바램이다.

저자 김철영

차 례

산채 채취와 가공법

산채를 채취하기 위하여 산야로 갈 때는 무작정 가는 것보다는 계획을 세우고 다니는 것이 좋다. 즉, 특정한 한두 종의 산채를 정해 놓고 대상 지역을 선정하는 것이다. 이와 같이 정해 놓은 산채를 채취하겠다는 정도는 정해두는 것이 좋다. 예를 들면 더덕이 요즘 좋으니 더덕만 캔다든지 취 채취의 적기라 취를 채취하면서 고사리도 같이 꺾는다든지 하는 것과 또한 한계곡에서 차근차근 여러 종류를 한꺼번에 채취하여 고른다든지 하는 것이다.

산채 채취의 첫째 요령은, 어느 장소에 가면 무슨 산채가 많이 나오고 있다는 사전 지식을 갖고 가면 좋다. 구체적으로 어느 장소에 어떠한 산채가 자라고 있는가를 예로 들어 보겠다.

해변가의 산채

모래 해변에는 갯무, 갯방풍 등.

밭이나 논둑

쇠뜨기, 쑥, 쑥부쟁이, 미나리, 수영, 달래, 냉이, 꽃다지 등.

야산이나 계곡

두릅, 으름, 고사리, 잔대, 삽주 등.

깊고 큰 산

고비, 취, 곰취, 더덕, 참나물 등

이상과 같이 채취 장소를 사전에 알고 가면 좋다.

산채 채취의 매너

산채는 야생식물인데 옛부터 농촌 사람들에게는 계절의 혜택으로 야채 대신 또는 굶주림을 채우는 식품으로써 생활 속에 뿌리 박혀 왔다.

풍부한 수자원과 온난한 기후를 갖춘 우리나라 풍토는 식물들이 자라기에 좋고 오랜 세월 채취되어 왔지만 감소되는 일 없이 현재에 이르고 있다.

이는 채취하는 사람들의 인자함과 감사의 마음을 갖고 뿌리채 없어지지 않도록 소중히 이용해 온 결과라 말할 수 있다. 우리도 산채 채취는 어디까지나 자연을 즐긴다는 데 목적이 있다는 것을 기본 자세로 갖고 최저한의 룰과 매너를 지키며 채취하여야 한다.

싹(순)을 먹는다.

산채는 싹을 먹는다. 너무 어리거나 너무 자란 것은 먹어도 제 맛이 안 난다.

아무 싹이나 덮어놓고 따면 결국 헛수고에 그친다. 이상적으로는 채취한 그 자리에서 먹는 것이 제일 좋다. 하여간 적당한 싹을 그날 안에 먹을 수 있는 양만 채취하도록 하는 것이 좋다.

채취의 매너

　예를 들어 두릅나무는 싹을 따내도 다시 새싹이 나오는데 두번
째 나온 싹을 마저 따게 되면 나무 자체가 죽어버린다. 또한 달
래나 산 파는 구근까지 이용되는데 파낼 때는 솎아서 뽑고 파낸
장소는 반드시 묻어 놓도록 한다.

　나무 열매를 딸 때도 가지채 자르거나 덩굴을 당겨 내리는 따
위는 삼가해야 한다. 본래 산채로 많이 나는 것은 그해 채취를
하여도 다음해 반드시 얼굴을 내미는 튼튼한 성질을 갖고 있으나
그렇다 하여 마구 채취하면 근절돼버릴 염려가 있는 것이다. 우
리는 어디까지나 자연의 혜택을 받는다는 겸허한 마음을 잊지 않
도록 항상 감사할줄 알아야 한다.

채취한 산채를 들고 다니면 산채가 상하기 쉬우므로 바구니를 준비하면 좋다.

장비와 복장

　장비는 면장갑, 작은 야전삽 그리고 칼 또는 채취한 것을 넣을
수 있는 배낭이면 되고 복장은 가벼운 등산복 차림으로 갖추면
된다. 상하의는 모두 긴 것을 입는 것이 좋다. 산에는 독충이나
뱀이 있으니 살갗을 내놓지 않는 것이 좋다.

장비와 복장

요리

　산채나 나무 열매를 옛부터 전해 오는 소박한 요리법으로 조리해서 먹는 것도 좋으나 자기 식성에 따라 조리하는 것도 좋다. 대체적으로 산채를 채취하여 씹어 보아 몹시 쓰거나 독한 맛이 있는 것은 독이 있는 식물이니 먹어서는 안 된다. 그리고 씹어 보아서 독한 맛이 없이 시거나 밍밍한 맛이 나는 것은 대체로 먹어도 되는 식물이다. 쓴 것 중 씀바귀, 방가지똥 같은 것은 먹어도 되나 수리취, 취, 고사리 등은 생식하면 쓰고 약간의 독이 있어 예로부터 끓는 물에 데쳐 말려서 나물로 먹었다.

채취한 산채를 즉석에서 요리하는 모습

생식

　산에 가면 밀나물, 참나물, 잔대싹, 잔대뿌리, 더덕뿌리 등을 채취하게 되는데, 깨끗이 씻어 즉석에서 쌈이나 고추장에 찍어 먹으면 좋다. 반찬으로도 좋고 밥이 없어도 나물만 된장이나 고추장에 쌈을 싸서 먹어도 좋다. 또한 건강 식품으로도 비길 데가 없다. 산에서 즉석으로 먹을 수 있도록 준비해갈 조미료는 소금, 고추장, 된장, 식초, 겨자 등이다.

채취한 산채는 그자리에서 바로 먹는 것이 가장 좋다.

과실주와 잼

　산야에서 많은 나무 열매, 풀 열매를 채취했으면 과실주나 잼을 만들어 보자.

　과실주 중에는 약용 효과가 있는 것도 많다. 열매는 달콤한 것과 시큼한 맛이 강한 것, 떫은 것 등이 있는데, 달콤한 것은 잼으로 만들면 좋고, 신 것은 과실주가 좋다. 또한 떫은 것은 가공하여 오히려 맛을 나게 하는 방법도 있다.

먹을 수 있는 열매들

과실주

  보통 소주에 담그는 것이 좋으나 40° 이상의 배갈은 무색으로 맛이나 냄새도 별로 없어 재료의 성분을 잘 스며나오게 하므로 좋은 과실주가 된다. 공기를 밀폐시킬 수 있는 투명한 큰 유리병이 좋다.

순서

1. 채취해온 과실은 가급적 빨리 담근다. 시간이 오래되면 제 맛이 잘나지 않는다. 투명하게 향기 좋은 과실주를 담그려면 되도록 완숙된 것보다는 완숙이 되기 직전 과실을 이용하는 것이 좋다. 과실을 잘 씻어 물기를 완전히 제거한다.

2. 열탕에 소독한 병에 과실을 넣는다.

3. 소주 또는 배갈을 2~3배 가량 넣는다.

4. 설탕을 열매의 1/3정도 넣는다. 이것은 표준량이며 설탕은 기호에 맞게 넣거나, 단 것을 싫어하는 애주가는 설탕을 넣지 않아도 된다. 과실이 먹어서 달콤한 것은 설탕을 넣지 않는 것도 좋다.

5. 병에는 과실명, 담근 날짜를 적어 라벨을 붙여 밀폐하여 냉암소에 넣어둔다.

6. 3개월 정도면 엑기스가 스며나오므로 과실을 꺼낸다. 이때 고운 체로 걸러 넣으면 탁한 것이 맑아진다.

과실주 담그는 법

재료 : 오미자를 송이째 딴 것.

과실주를 담글 때는 한 알씩 떼어야 한다.

1. 열매를 물에 씻어 물기를 완전히 제거하고 적량의 설탕을 가감한다.

2. 입이 넓은 병에 열매를 넣고 설탕을 적당량 넣는다.

3. 소주를 부어 적당히 차오르게 넣는다.

4. 마개를 꼭 막고 공기가 통하지 못하도록 하고 라벨을 붙여 날짜를 기록한다.

5. 냉암소에서 숙성시켜 1년 후에 열매를 건져낸다. 그리고 먹는다.

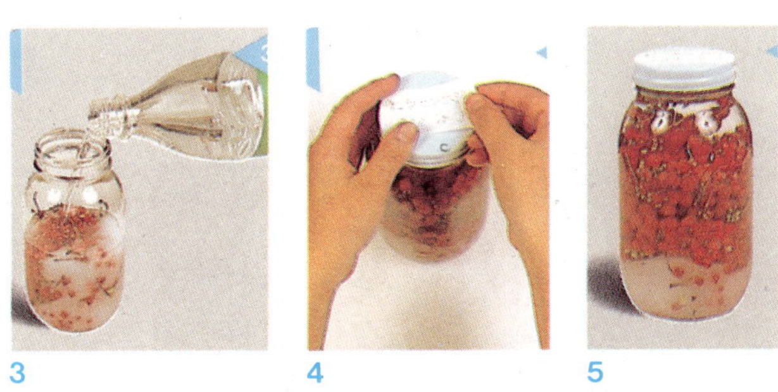

잼

잼은 채취해온 과실을 냄비에 오랜 시간 끓여 졸이는 종래의
방법도 좋으나 여기서는 간단히 만들 수 있는 방법을 소개하겠
다.

압력솥을 이용하는 경우

압력솥에 씨를 제거한 과육과 설탕을 넣고 뚜껑을 덮은 다음
센불에 익힌다. 압력이 올라가면 불을 끄고 캡을 열어 압력이 모
두 빠진 다음, 뚜껑을 열고 수분이 없어질 때까지 졸여 마지막에
레몬즙을 첨가한다.

전자 레인지의 경우

깊숙한 내열 용기에 과육, 설탕, 레몬즙을 넣고 뚜껑을 덮지 말
고 11~15분 가열한다. 설탕은 좋아하는 양으로 가감하는데 장
기 보존하는 데는 많이(열매의 1/2~1/3 정도) 넣으면 좋다.

열매로 만든 여러가지 잼

잼 만드는 법

1. 열매를 깨끗이 씻어 물기를 제거하고 설탕은 열매 분량의 1/2 을 준비한다.

2. 냄비에 넣고 열매 위에 설탕을 얹어 끓인다.

3. 불은 약하게 하여 서서히 끓인다. 떫은 기는 떠오르므로 살짝 걷어내고 끓인다.

4. 레몬즙을 넣고 또 한 번 끓인 후 다시 떫은 기를 제거하고 불 에서 내린다.

5. 병을 잘 씻어 열탕하여 소독한다. 뚜껑이 꼭 맞는 것을 고 른다.

6. 식기 전에 병에 채우고 뚜껑을 가볍게 덮어둔다.

7. 잼을 채운 병을 다시 한 번 열탕에 넣어 끓인 후 뚜껑을 덮 는다.

8. 열매에 비해 설탕이 1/2보다 적으면 장기 보존이 어렵다.

과실주와 잼

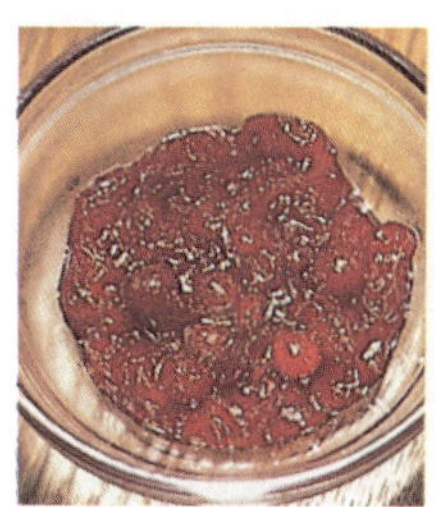

넌출월귤잼

새머루

잔설이 쌓인 급경사면에는 두릅류가 많다.

산채

가막살나무

  높이 3m 정도 크고 잎은 마주나며 톱니가 있다. 6월에 흰 꽃이 피고 열매는 달걀꼴로 10월에 붉게 익는다. 붉게 익은 열매는 과실주로 이용되며, 약재로는 강장제로 이용된다.

  어린순을 꺾어 데쳐서 찬물에 우려낸 다음 나물로 먹거나 국을 끓여 먹는다.

  한국, 일본, 대만 등지 분포.

가죽나무

가짜 죽나무란 뜻, 또한 가중나무라고도 한다.

줄기는 밋밋하게 자라고 성장이 아주 빠르고 높이 30 m 가량 자라며, 나무껍질은 회갈색이다.

잎은 어긋나고 깃꼴겹잎이며, 앞면은 녹색, 뒷면은 연한 녹색이며 털이 없다. 여름에 백록색 꽃이 모여서 이삭 모양으로 핀다. 열매는 적갈색으로 곤충 날개같이 생긴 가운데 1개씩 종자가 들어 있다. 뿌리와 껍질은 약으로 쓰인다.

봄에 어린 잎을 따서 약간 데친 다음, 쌈을 싸서 먹기도 하고 고추장을 발라 말려 두었다가 구워먹기도 한다.

한국, 중국, 몽고 등 분포.

개망초

　야산이나 들의 양지쪽에 자생하며 높이 30～100cm 가량 자라고 전체에 털이 나 있으며 가지가 많이 갈라진다. 잎은 난형이고 가장자리에 톱니가 있으며 꽃은 6～7월에 줄기 끝에 백색 또는 자줏빛이 도는 백색으로 핀다. 어린 잎이 연하고 부드러우므로 한창 잎이 돋아나는 초여름까지 새순을 뜯어 가볍게 데쳐서 잠시 동안 찬물에 우려낸다. 무침나물이나 국을 끓여서 먹는다.

　한국, 일본, 중국 등 분포.

개미취

국화과 다년생초

  산이나 들에서 자라며 높이 1.5~2m 가량 자라고, 잎은 근생엽으로 피며 줄기 잎은 어긋난다. 7~10월에 가지 끝에 담자색 꽃이 피며 어린순은 나물로 먹는다.

  취나물 중의 하나로 흔히 잘 먹으나 쓴 맛이 강하므로 데쳐서 여러날 동안 흐르는 물에 쓴 맛을 우려낸 다음 잘 말려서 보관했다가 필요할 때 조금씩 조리해서 먹는다. 오래도록 갈무리해두는 것은 쓴맛을 없애기 위해서이며, 먹을 때 다시 삶아서 무침나물로 해서 먹는다.

  한방에서는 진해, 거담제로 쓰며 민가에서 재배도 한다.

  한국, 일본, 중국, 몽고 등지 분포.

개암나무

자작나뭇과 낙엽 활엽 관목

  산에서 자생하며 잎은 어긋나고 잎에 잔주름이 많으며 가장자리에는 톱니가 있다. 자웅 동주로 봄에 이삭 모양의 꽃이 피고 열매는 도토리처럼 깍지가 있으며 익은 열매는 자위가 떠 자연히 깍지에서 빠져 나온다. 성과는 단단하여 잘 깨지지 않는다. 열매 알은 맛이 고소하여 날로 먹으면 좋다. 개암나무는 종류가 여러 가지가 있다.

  한국, 중국, 일본 등지에서 분포.

갯무

　해변가에 자생하는데 키는 약 50㎝ 가량 자라며 가지가 드물게 난다. 약간의 털이 나 있고 잎은 어긋난다. 4~5월경에 담홍색의 꽃이 핀다. 잎이나 모양이 무와 같으나 뿌리가 굵지 않다. 무씨가 날려 야생무로 변한 것이다.

　나물로 먹을 수 있으며 무와 같이 김치도 담가 먹을 수 있다.

　이는 세계 각지의 해변가에 자생한다.

갯방풍

　바닷가 모래밭에 자생됨. 전체에 흰 솜털이 나고 뿌리는 모래 속 깊이 박혀 있으며 키는 20cm까지 자란다. 잎은 긴 잎자루를 가지며 잎이 두껍고 윤이 나며 가장자리에 톱니가 있다. 꽃은 6～7월에 피며 줄기 끝에 흰색의 작은 꽃이 한데 모여 핀다.

　생선회에 곁들이는 소채로 어린 싹의 줄기 밑둥을 찢어 물에 담그면 자른 자리가 뒤집힌다. 입에 넣으면 상큼한 향기가 입 안에 퍼져 비린내를 말끔히 제거해 준다. 또 살짝 데쳐 무쳐 먹어도 좋다.

　생약의 방풍은 뿌리를 말린 것인데, 발한, 해열, 진통제로 쓰인다.

　한국, 일본, 만주, 중국 등지 분포.

갯방풍

고비

고빗과 다년생 양치식물

　산속, 계곡, 숲속에서 자란다. 땅속줄기는 짧고 굵으며 비스듬히 자라고 밑둥은 마른 잎으로 덮였으며 커다란 덩이 모양이다.

　어린 잎은 흰 솜털이 나 있으며 잎자루는 처음에 붉은 갈색 털로 덮인다.

　봄에 포자엽이 먼저 나오고 다음에 영양 잎이 나온다. 이른봄에 자라나는 연한 잎줄기를 따서 나물로 먹기도 하고, 육개장을 끓일 때에도 넣는다.

　고비는 떫은 맛이 강하므로 특수한 방법으로 우려내야 하는데, 우선 그릇 속에 고비를 두어겹 깔고 그 위에 나무재를 한줌 뿌린다. 이와 같이 반복해서 여러 겹을 깐 다음 물에 뜨지 않도록 돌을 얹어 놓고 물을 부어 우려낸다. 우려낸 다음 말려서 갈무리해 두었다가 먹는다.

　민가에서는 봄과 여름에 캐어서 말려, 줄기와 잎은 인후통에, 뿌리는 이뇨제로 사용한다.

　한국, 중국, 대만, 일본 등 분포.

고사리

고사릿과 다년생초 양치식물

산이나 들의 양지쪽에서 자란다.

잎은 깃꼴겹잎이며 포자낭군은 잎 뒷면 가장자리에 붙어 있다. 어린 잎은 꼬불꼬불 말려 있고 흰 솜과 같은 털이 덮여 있다. 연한 순을 꺾어 식용한다.

고사리 나물 — 고사리를 끓는 물에 데쳐 말린다. 말린 고사리를 물에 불려 양념하여 나물로 먹는다.

고사리 산적 — 말린 고사리를 불려 쇠고기, 파와 같이 산적으로 하여 먹는다.

고사릿국 — 맑은장국에 고사리를 넣어 끓인 국.

한국, 중국, 일본 등지 분포.

곰취

깊은 산의 습지에서 자생하며, 뿌리 잎은 땅속줄기에서 뭉쳐 나온다. 대형으로 심장형이며 톱니가 있고 잎자루는 길다. 뿌리 잎 사이에서 줄기가 나오는데 높이 1~2m까지 자라며 줄기잎도 모양은 뿌리잎과 비슷하다. 여름부터 가을에 걸쳐 줄기의 끝에 노란색의 두상화로 꽃이 핀다. 열매는 갈색 관모가 있어서 바람에 잘 날려 흩어진다.

어린 잎은 봄철에 뜯어 나물로 먹으며, 데쳐서 쌈을 싸서 먹으면 아주 좋다. 나물로 먹을 때는 데쳐서 말려 두었다가 먹고, 쌈으로 먹을 때는 가볍게 데쳐서 찬물에 잠시 우렸다가 물기를 뺀 다음 먹는다.

한국, 일본, 중국, 사할린 등 분포.

광대나물

꿀풀과 이년생초

　야산이나 들에 자생하고 30cm 정도 자라며 4～5월에 여러 개의 적자색 꽃이 잎겨드랑이에 돌려 나며 층층이 핀다.

　어린 잎과 줄기는 나물로 먹을 수 있으며 전체의 풀은 토혈과 코피를 멎게 하는데 약재로 사용한다. 광대나물 속에는 맵고 쓴 맛을 내는 성분이 많이 들어 있으므로 나물로 먹을 때는 데친 다음 여러 시간 찬물에 우렸다가 먹어야 한다.

　한국, 중국, 일본, 북아메리카에 분포.

구기자

　시골 동네 둑이나 우물가 습지에 자생하며 원줄기는 비스듬히 자라면서 끝이 밑으로 처진다. 가지에는 가시가 있으나 없는 것도 있고 높이 2~3m까지 뻗어 자라며 잎은 긴 타원형으로 달린다.

　꽃은 6~9월까지 밑에서 올라가며 계속 피고 먼저 핀 것은 열매를 맺는다. 열매는 작은 고추처럼 생겨 익으면 붉어진다. 어린 순은 뜯어 나물로 먹으며 잘게 썰어서 나물밥도 해먹는다. 껍질은 지골피라 하여 열매(구기자)와 약용으로 쓰인다. 또한 과실주로도 이용된다.

구실잣밤나무

참나뭇과 상록 활엽 교목

 해변가, 산기슭에 자생하며 높이 15~30m 까지 자란다. 내한
성이 다소 강해 우리나라 남단에서도 자란다. 줄기는 곧고 가시
가 많으며 잎이 많이 달린다. 나무줄기는 흑갈색이고 잎은 어긋
나며 길이 7~13cm의 긴 타원형으로 끝이 뾰족하다. 6월에 꽃이
피고 열매는 도토리 모양인데 다음해 10월에 익는다. 열매는 먹
을 수 있으며 목재는 건축, 선박용으로 사용한다.

 한국, 일본, 중국 등 분포.

구실잣밤나무

금불초

  산이나 들에 자생하며 높이 30~60cm 정도 자라고 전체에 털이 있으며 잎은 어긋난다.

  7~9월에 노란 꽃이 피고 열매는 털이 있다. 어린 순을 따서 무침나물로 해서 먹거나 된장국을 끓여 먹는다. 맵고 쓴맛이 강하므로 데친 다음 하루 이틀 찬물로 우려내고 먹어야 한다. 꽃은 약재로 쓰인다.

  한국, 일본, 중국 등 분포.

꼭두서니

줄기가 모가 나 있고 속이 비어 있으며 잔가시가 있다. 잎은 윤생엽으로 달리며 가을에 작은 노란 꽃이 많이 핀다. 어린순을 따서 데친 다음 이틀 정도 흐르는 물에 쓴맛을 우려낸 다음 양념 간장이나 된장에 무쳐서 먹는다. 뿌리는 염료나 진통제로 쓰인다.

한국, 일본, 대만 등 분포.

꽃다지

겨잣과 이년생초

들이나 밭에서 자생하며 잎과 줄기에 짧은 털이 나 있다. 봄에 노란 꽃이 냉이꽃과 같이 핀다.

인가 주변에서 쉽게 찾을 수 있으며, 어린 싹은 봄나물로 해 먹거나 국거리로 좋다. 쓴맛이 없고 맛이 단백하므로 가볍게 데쳐서 찬물에 헹구기만 하면 바로 무쳐서 먹을 수 있다.

한국, 일본 등 분포.

꿀풀

 야산과 들에 자생하며 전체의 풀에 솜털이 나 있고 줄기는 네모져 있다. 여름에 자주색 꽃이 솔방울처럼 송이져 돌려가며 핀다. 어린 싹은 나물로 식용하고 한약 재료로 쓰인다.

 쓴맛이 강하므로 데쳐서 이틀 정도 흐르는 물에 우려낸 다음 양념을 해서 먹는다.

 한국, 일본, 중국, 사할린 등 분포.

나비나물

콩과 다년생초

  산과 들에 자생하고 전체에 털이 없다. 줄기는 네모졌으며 딱딱하게 뭉쳐 나며 곧게 서거나 비스듬히 자란다. 키는 50~100 ㎝쯤 자라며 잎은 어긋나고 잎자루는 짧으며 두 잎씩 달린다. 작은 잎은 난형 또는 넓은 피침형으로 끝이 뾰족하고 톱니는 없으며 떡잎은 두 개로 갈라지거나 톱니가 있다.

  꽃은 8월에 홍자색으로 피는데 잎겨드랑이에서 나오며 많은 꽃이 한쪽으로 치우쳐 달리고 꽃대는 밑에서부터 흔히 갈라진다.

  봄에 어린순을 된장에 무치거나 양념장에 무쳐서 나물로 먹는다.

  한국, 일본, 중국 등지 분포.

나비나물

냉이

겨잣과 이년생초

  들이나 밭에서 자라며 높이 10〜50cm까지 자라고 전체에 털이 있고 뿌리가 곧게 땅 속 깊이 박혀 있다. 잎은 지면에 여러 잎이 뿌리에서 돋아 사면으로 퍼진다. 5〜6월에 원줄기 끝에 백색 꽃이 피며 열매는 세모져 맺는다.

  꽃대가 오르기 전에 채취하여 나물로 만들어 먹고 냉이국 또는 된장찌개에도 넣어 끓이면 별미이다.

  한국, 일본, 중국 등 분포.

넌출월귤

　높은 산 습지에서 자라고 줄기는 땅 위를 기며 길이가 20㎝쯤 자란다. 어릴 때는 솜털이 있으나 껍질이 벗어지면서 없어지고 짙은 적갈색으로 핀다. 잎은 긴 타원형으로 어긋나며 꽃은 붉은 빛이 돌고 열매는 빨갛게 익는다. 익은 열매는 과실주로 이용된다.

　우리나라는 함경북도에 자생하고 일본, 중국, 북반구 북부 지방에 분포한다.

누리장나무

산기슭이나 골짜기 비옥한 곳에 많이 자생하고 잎은 대생엽으로 나고 여름에 엷은 황색의 꽃이 피며 가을에 진하늘색 열매가 꽃처럼 깍지 중심에 한 개씩 열린다. 이른봄에서 6·7월까지 연한 잎을 따서 나물로 무쳐 먹는데 독특한 냄새가 나므로 데쳐서 우려 내어야 한다. 가지와 뿌리는 약용으로 쓰인다.

한국, 일본, 대만 등 분포.

다래

　깊은 산 계곡에 주로 자생하며 꽃은 초여름에 흰색으로 피며 열매는 가을에 황록색으로 익어 말랑말랑할 때 먹으면 달고 맛이 좋다. 또한 재배하는 키위는 양다래라 하여 맛이 비교가 된다. 익지 않은 것을 따서 놓아두면 자연히 익어 단맛을 낸다. 다래주는 과실주로 꼽을 만큼 많이 이용된다.

　한국, 일본, 아시아 동북부 지역에 자생한다.

달래

백합과 다년생초

들이나 밭에서 자라며 땅 속에 둥근 파 모양의 흰 비늘 줄기가 있고 그 밑에 뿌리 수염이 달린다. 잎은 긴 대롱 모양으로 1~2개가 달리며 4월에 잎보다 짧은 꽃대 끝에 흰빛 또는 홍자색이 도는 꽃이 핀다. 꽃이 진 다음 열매가 맺는데 매운맛이 있다. 달래는 옛부터 달래 무침나물도 유명하지만 된장찌개에 넣어 끓이면 일미이다.

한국, 일본, 중국 등 분포.

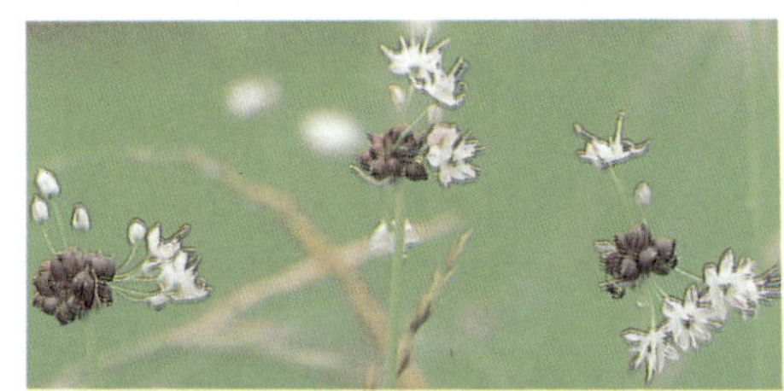

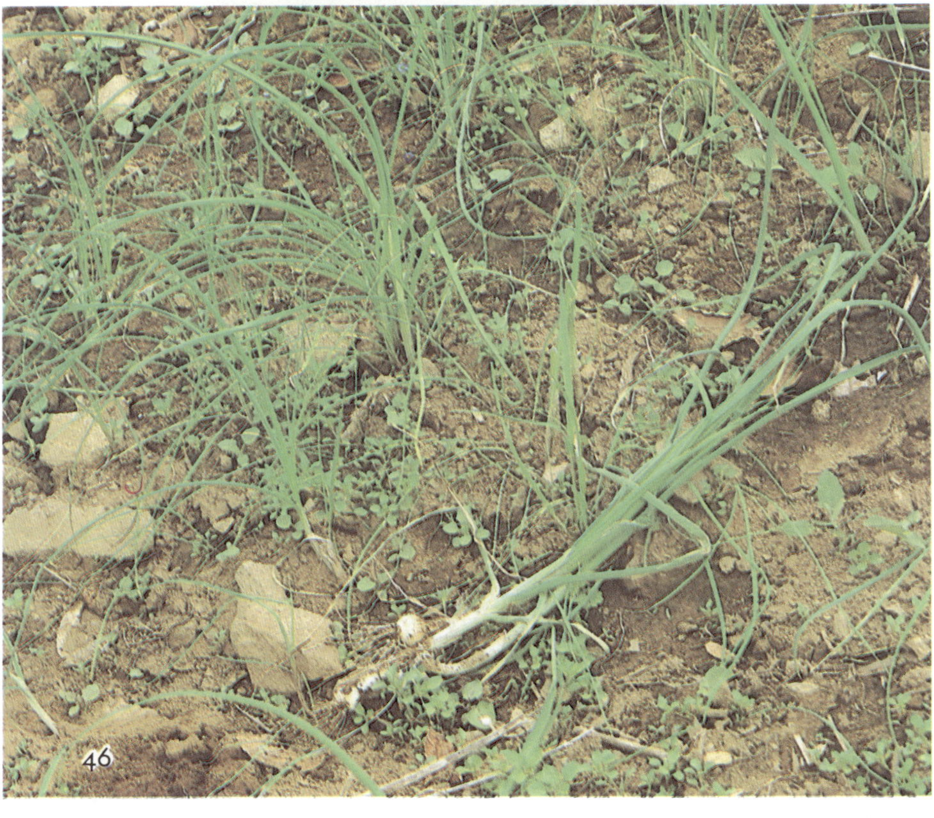

더덕

초롱꽃과 다년생 덩굴초

깊은 산에서 자라며 잎은 윤생엽으로 난형이다. 꽃 모양은 종과 같이 생겨 피며, 흰색에 자주색이 배색되어 핀다. 주로 뿌리를 식용으로 하며 더덕구이는 일미이다. 봄에 깊은 산으로 등산하다 보면 더덕이 나는 곳에는 더덕 특유의 냄새가 난다. 잎이나 줄기에 상처를 내면 우유빛 같은 즙이 나오며 냄새가 더 강하게 난다. 더덕은 사삼이라 하며 몸에도 좋은 것으로 되어 있다.

껍질을 벗긴 뒤 가볍게 두드려 납작하게 한 것을 찬물에 담가 쓴맛을 우려낸 다음 고추장을 발라 구어 먹거나, 혹은 생뿌리를 다듬어 고추장에 박아 장아찌로 만들기도 한다.

한국, 일본, 중국 등지에 분포.

도라지

초롱꽃과 다년생초

　줄기는 40~100cm로 자라고 뿌리가 인삼 모양으로 달린다. 원
줄기를 자르면 백색 유액이 나온다. 잎은 긴 난형이고 끝이 뾰족
하며 톱니가 있다. 꽃은 7~8월에 보라색 또는 백색 꽃이 핀다.
꽃봉오리 씨방이 있어 꽃이 지면 까만 씨가 들어 있다. 가늘게
쪼갠 것을 물에 담가서 우려낸 다음 생채로 하거나 데쳐서 먹기
도 하고, 고기와 함께 산적으로 하기도 하며 고추장에 박아 장아
찌를 만들기도 한다.

　한국, 중국, 일본 등에 분포.

독미나리

  습지에서 자라며 높이 1m에 달하고 지하경은 굵고 녹색이며 마디가 있으며 속이 비어 있다. 잎은 미나리와 비슷하나 전체가 미나리보다 크다. 6～8월경 줄기 끝에서 미나리 꽃과 같이 흰 꽃이 한데 뭉쳐 핀다.

  전체의 풀에 독이 있어 먹으면 안 된다. 관상용으로 기르기도 하며 분재로 가꾸기도 한다.

  한국, 중국, 일본, 유럽, 북아메리카 등 분포.

돌나물

돌나물과 다년생초

　줄기가 덩굴 모양 뻗어 자라고 마디마디 뿌리가 나 잘 번식된
다. 잎은 3개씩 윤생엽으로 나며, 5~6월에 노란 꽃이 줄기 끝에
서 핀다. 줄기를 따서 심어도 자라고 뿌리까지 뽑아 양지쪽에 심
으면 잘 번식된다. 봄에 꽃피기 전에 어린 줄기를 잘라 물김치를
담가 먹으면 좋다.(돌나물김치)

　한국, 일본 등에 분포.

동백나무

　해안지역 산지에 주로 자생하며 잎은 윤이 나고 긴 타원형이다. 이른봄부터 붉은 꽃이 피고 작은 사과 모양의 열매가 달려 익으면 씨앗이 속에 까맣게 들어 있다. 씨는 기름을 내어 사용한다. 내륙의 산에서도 동백나무가 있는데 이는 소개된 동백과는 다르며 꽃도 희게 피며 열매 또는 나무도 다르다. 동백나무는 열매가 많이 달려 예전에는 이 씨앗으로 동백기름을 짜서 머릿기름과 등잔불 기름으로 썼다. 뿐만 아니라 식용으로도 하는데 참기름이나 콩기름과 같은 용도로 쓸 수 있으며 맛도 좋다. 이 동백나무는 가지를 꺾어 냄새를 맡으면 진한 레몬 냄새가 난다.

　한국, 중국, 일본 등지에 분포한다.

두릅나무

산기슭 양지쪽 골짜기에 자생한다.

키는 3~4m 정도 자라고 줄기는 적고 가시가 많이 달린다. 잎은 어긋나고 줄기 끝에서 여러 갈래 잎이 나온다. 잎줄기에 가시가 나며 잎 가장자리에 톱니가 있고 앞면은 녹색, 뒷면은 회색이다.

8~9월에 가지 끝에 흰 꽃이 핀다. 열매는 둥글며 검게 익고 씨는 뒷면에 좁쌀같은 돌기가 약간 있다.

새순을 따서 끓는 물에 데쳐, 초고추장에 찍어 먹든가 나물로 무쳐 먹어도 좋다. 또한 뿌리를 캐면 도라지처럼 뿌리가 연하다. 이것도 도라지 무치듯이 하여 반찬으로 먹는다. 나무껍질, 뿌리 말린 것은 한약재로 해수, 위암, 당뇨병, 소화제로 쓰인다.(당뇨병에는 나무껍질을 다려 먹으면 효과가 좋다.)

한국, 일본, 사할린, 중국, 만주 등 분포.

"

둥글레

백합과 다년생초

    산야에서 자생되며 굵은 육질의 근경은 옆으로 뻗고 줄기는 6개의 모서리각이 있다. 끝이 비스듬히 처지며 키는 30〜60cm 정도 자란다. 잎은 어긋나며 한쪽으로 치우쳐서 펴지고 길이 5〜10cm, 너비 2〜5cm의 긴 타원형이다. 잎자루는 없으며 6〜7월에 백록색 꽃이 1〜2개씩 잎겨드랑이에 달리며 작은 꽃대는 밑부분에서 서로 합쳐진다. 열매는 둥글고 9〜10월에 검게 익는다. 어린 잎은 나물로 먹고 뿌리는 구어서 먹거나 쪄서 먹으면 맛이 있다. 생약의 ‘위유’는 근경을 말린 것이며 한방에서는 근경을 치한 평보제, 해열, 강장제로 사용한다.

    한국, 일본, 중국, 만주 등 분포.

등대풀

  중부 이남에서 자라며 줄기 높이 23∼35cm 자라며 상처를 내면 백색의 즙이 나온다. 잎은 주걱 모양의 잎이 어긋나고 5월에 황록색의 꽃이 핀다. 독성이 있는 식물이므로 먹으면 위장 장해를 일으키니 주의하여야 한다. 특히 뿌리에 독이 많다. 봄철에 어린 줄기와 잎을 나물로 먹을 수 있으나, 독성이 완전히 우러나게 데쳐서 여러 날 흐르는 물에 담갔다가 나물로 먹는데, 가급적 먹지 않는 것이 좋다. 풀 전체에 해독, 이뇨제의 효과가 있어 약제로 사용된다.

  한국, 일본 등지에 분포.

뚱딴지(돼지감자)

　줄기는 1.5~3m 정도 자라고 뿌리에 감자 같은 지실(地實)이 달리며 잎은 긴 타원형이고 끝이 뾰족하다. 꽃은 9~10월에 황색 꽃이 많은 가지 윗부분에서 핀다. 지실(地實)은 사람이 먹어도 되며 가축의 사료로 사용한다. 인가 근처에 야생으로 자라는 것도 있고 사료용으로 재배하기도 한다.

　별로 맛이 없으므로 돼지고기와 함께 끓여서 맛을 내어 먹는다.

　원산지는 북아메리카, 한국, 일본 등 분포.

마

맛과 다년생 덩굴초

  산과 들에서 자라며 나무를 타고 올라가는 덩굴풀이다. 요즘은 밭에서 다량 재배하는 곳도 있다. 잎은 마주 나거나 어긋나고 여름에 자색 꽃이 핀다. 덩굴에는 작은 감자 같은 열매가 달리는데 뿌리의 성분과 똑같다. 이것이 종자이다.

  뿌리는 굵고 길게 자라며 털이 듬성듬성 나 있다. 마는 고구마나 감자와 같이 녹말이 많아 쪄 먹든지 강판에 갈아 즙을 만들어 생식한다. 즙은 끈적끈적하기 때문에 먹을 때 좀 역겹다. 한약의 강장제로 쓰인다.

  한국, 일본, 중국 등지에 분포.

마

마가목

　산지에서 자라며 높이 8m 가량 크고 잎은 어긋나며 작은 잎은 피침형이고 가장자리에 톱니가 있다.

　꽃은 5～6월에 희게 피며, 열매는 9～10월에 둥글며 적색으로 익는다. 잎 뒤에 잔털이 있는 것을 잔털마가목이라 하고 그 외의 여러 종의 마가목이 있다. 가을철의 잎은 붉게 단풍이 든다.

　빨갛게 익은 열매는 과실주로 이용하고, 한방에서는 열매와 나무껍질은 약용으로 쓴다.

　마가목주를 담그는 법은 종자의 5배량의 소주에 담가서 6개월 이상 밀봉했다가 조석으로 조금씩 복용하면 강장에 큰 효과가 있다.

　한국, 일본 등지에 분포한다.

말오줌대

  산지에서 자라며 높이 5~8m 가량 자라고 잎은 겹잎이고 대
생엽으로 나며 5월에 노란색 꽃이 이삭처럼 핀다. 열매는 붉으며
열매가 익으면 벌어져, 까만씨가 윤이 나 반짝인다. 어린 잎은 나
물로 식용한다.

  한국, 일본, 대만 등 분포.

머위

    산의 습지나 우물가에 자라며 잎은 호박잎과 같으며 넓고 털이
있다. 여름에 황백색으로 꽃이 핀다. 주로 잎자루를 식용으로 하
는데 줄기 껍질을 베껴서 고사리 나물을 요리하는 것과 같이 후
라이팬에 양념을 하여 볶아 먹는다. 또한 줄기를 고추장에 넣어
두어 장아찌로 만들어 먹어도 좋다.

    한국, 일본 등지에 분포.

메꽃

들이나 밭에서 나며 잎은 어긋나고 활촉처럼 긴 삼각형으로 피고, 여름에 나팔꽃 모양의 엷은 홍색으로 꽃이 피었다가 저녁 때는 시들어버린다. 어린 메싹은 나물로 먹으며, 뿌리를 캐면 굵은 국수 모양으로 많은 뿌리가 얽혀 있다. 이 뿌리는 캐서 시루떡이나 밥을 지을 때 넣어 먹으면 달고 맛이 좋다.

어린순은 쓴맛이 없고 단백하므로 가볍게 데쳐서 물에 헹구어 무쳐 먹는다.

한국, 일본, 중국 등에 분포.

멸가치

　산이나 들, 습기가 많은 장소에 자생하며 잎은 호생엽으로 달리며 뒷면에 솜털이 나 있어 잎 가장자리에 톱니가 있다. 여름에 아주 작은 흰 꽃이 피며 열매를 맺는다. 이른봄 어린 것을 캐어다가 살짝 데쳐서 물에 우려낸 다음 무침나물로 하거나 국을 끓여 먹는다.

　한국, 중국, 일본, 히말라야 등에 분포.

명아주

명아줏과 일년초

　높이 1m 가량 자라며 잎은 호생하고 삼각 난형이다. 어린 잎 중심부분에 자주색과 흰빛 녹말가루 같은 것이 반짝인다. 6~7월에 가지 끝에서 작은 꽃이 황록색으로 핀다. 어린순을 삶은 다음 참기름을 쳐서 나물로 먹거나 국을 끓여 먹는데, 이때 어린 잎에서 흰가루와 같은 물질이 붙어 있으므로 이것을 깨끗이 씻어 낸 다음에 먹는다. 민가에서는 잎을 건위 및 강장제로 사용하거나 벌레 물린 데 사용한다.

모새나무

진달랫과 상록 활엽 교목

우리나라 흑산도 이남지방 섬에서 자생되고 잎은 어긋나고 두꺼우며 6월에 홍백색의 꽃이 핀다. 열매는 까맣게 익으며 단맛이 좋아 생식 또는 과실주로 이용된다.

한국, 일본, 중국 등지 분포.

모시대

　산지 다소 그늘진 곳에서 자생한다. 높이 40~100cm까지 자라고 뿌리는 도라지처럼 굵다. 잎은 어긋나며 밑부분의 잎은 잎자루가 길고 난형 또는 넓은 피침형이며 가장자리에 톱니가 있다. 꽃은 8~9월에 피고 보랏빛이며 종처럼 생긴 꽃이 밑을 향하여 달린다. 흰 꽃이 피는 것도 있어 흰 꽃 모시대라고 한다. 봄에 자라는 어린 싹을 가볍게 데쳐서 물에 헹군 다음 된장이나 양념장에 무쳐서 먹는다. 뿌리는 봄 가을에 캐서 삶아 먹거나 고추장에 박아 장아찌로 만들어 먹는다. 뿌리를 해독 및 거담제로 사용한다.

　한국, 일본, 중국 등 분포.

무릇

백합과 다년생초

　야산이나 들 또는 밭에 자생하고 마늘과 비슷하게 싹이 나며 7～9월에 담자색 꽃이 동물의 꼬리 모양으로 잘게 핀다. 잎과 비늘 줄기째 캐어 잘 씻어 솥에 넣어 물을 약간 부어 끓이면 엿 모양으로 졸아든다. 적당히 졸았을 때 콩가루에 묻혀 먹으면 달고 맛이 좋다. 40년 전만해도 농가에서는 많이 채취하여 먹었다.

　아시아 동북부의 온대지방과 아열대까지 널리 분포된다.

무화과

뽕나뭇과 낙엽 활엽 관목

　우리나라에서는 정원에 많이 심으며 호남지방에서는 밭에서 재배하는 곳도 있다.

　높이 2~4m 가량 자라고 가지는 굵으며 살이 쪄 있고 녹갈색이 난다. 잎은 어긋나고 뽕나무잎과 비슷하나 넓고 두껍다. 봄부터 여름에 걸쳐 잎겨드랑이에 주머니 같은 열매가 달리며, 그 속에 작은 꽃이 많이 달린다. 과실은 가을에 암자색으로 끝이 벌어지며 익고, 맛은 달고 향기가 좋다. 생식하며 잼과 과실주로 이용된다.

　아시아 서부에서 지중해에 걸쳐 분포한다.

미나리

미나릿과 다년생초

  습지인 밭이나 개천변에 자라며 논에서 재배도 한다. 털이 없
으며 높이 30cm 내외로 자라고 근경 밑에서 싹이 나와 번식한다.
잎은 어긋나고 뿌리에서 나온 잎과 더불어 긴 잎자루가 갈라지며
난다. 작은 잎은 난형이며 톱니가 있다.

  꽃은 7~9월에 피고 백색의 꽃이 모여서 줄기 끝에서 핀다. 미
나리는 우리가 흔히 보는 것이나, 재배한 것 말고 논에서 나는
자연산은 향이 짙어 데쳐서 나물로 먹으면 좋고, 또한 비린고기
(물고기) 매운탕에는 꼭 들어가야 비린내가 제거되고 맛이 좋아
진다. 또한 미나리에는 간장을 좋아지게 하는 성분이 있어 간장
이 나쁜 사람은 즙을 내어 먹으면 간장이 좋아진다.

  한국, 일본, 중국 등에 분포.

미나리아재비

  산과 들, 습기가 있는 양지쪽에서 자생하며 미나리와 비슷하다. 높이 50㎝ 가량 자라고 뿌리에서 돋은 잎은 잎자루가 길고 세 개로 갈라져 줄기에 달린 잎은 잎자루가 없다. 6월에 줄기 끝에서 노란 꽃이 피며, 독성이 있는 식물이나 어린순은 데쳐 우려내면 독성이 제거되어 나물로 먹을 수 있으며 생약으로 사용된다. 그러나 즙액이 피부에 닿으면 물집이 생길 정도로 강한 독성이 있는 식물이므로 가급적 먹지 않는 것이 좋다.

  한국, 일본, 중국 등지에 분포.

미나리아재비

민들레
국화과 다년생초

양지쪽 밭과 들에 자생한다. 원줄기가 없고 잎이 뿌리에서 직접 사방으로 퍼진다. 잎은 양쪽이 큰 톱니같이 나 길게 자란다. 꽃은 4~5월에 노란 꽃과 흰 꽃이 피며 꽃이 지면 작은 솜 같은 것이 달려 바람이 불면 멀리까지 날려 번식한다. 이른봄 어린 잎을 뿌리와 함께 캐서 나물로 무쳐 먹거나 국을 끓여 먹는데 쓴맛이 많으므로 오래도록 물에 우려낸 다음에 먹어야 한다.

민박쥐나물

국화과 다년생초

　높고 깊은 산의 습기 있는 숲에서 자라며 키는 1～2m까지 자란다. 잎은 어긋나며 톱니가 있고 솜털이 나 있다. 7～9월에 흰 꽃이 핀다. 잎이 필 때 보면, 박쥐가 날개를 편 모양과 같아 박쥐나물이라 했다. 어린 잎을 데쳐서 물을 바꾸어 가며 오래도록 우려낸 후 무쳐서 먹고, 취나물과 함께 말려 두었다가 수시로 먹을 수 있다.

　한국, 중국, 일본 등지 분포.

밀나물

    산이나 들에서 흔히 자라며 대에 능선이 있고 잎은 어긋난다. 난형 또는 긴 난상 타원형에 가장자리가 밋밋하고 5~7개의 맥이 있으며 끝이 뾰족하고 밑은 둥글며 털이 없다. 잎자루 밑에 떡잎이 변한 1쌍의 덩굴손이 있어 다른 나무를 감고 올라간다. 꽃은 5~7월에 황록색으로 피며 열매는 둥글며 흑색으로 익는다. 이와 비슷한 잎이 좁은 것이 있는데 좁은 잎 밀대나물이라 한다.

    맛이 좋은 산나물 중의 하나로, 봄에 연한 순을 따서 장에 무쳐 먹거나 국을 끓여서 먹고, 혹은 기름에 볶아 먹어도 좋다. 고추장에 찍어 생식을 해도 맛이 참 좋다.

    한국, 일본, 만주 등 분포.

밀나물

박주가리

박주가릿과 다년생 덩굴식물

길이 3m까지 자라며 다른 식물을 감아 올라간다.

모양 잎은 마주나고 긴 심장형이며 가장자리가 밋밋하다. 잎이
나 줄기를 자르면 우유 같은 액이 나온다.

개화 7~8월에 잎겨드랑이에서 나와 넓은 종 모양으로 생기고
흰자홍색 꽃이 핀다. 종자는 열매 표피가 벌어지며 씨앗에
명주실 같은 털이 있어 바람에 날려 종자를 멀리 번식시
킬 수 있다.

식용 어린순은 나물로 먹으나 흰 즙액 속에는 독이 있으므로 데
쳐서 물로 충분히 우려낸 다음 무쳐서 먹는데 맛이 참 좋
다. 잎과 열매는 한약으로 쓰고, 종자의 털은 솜 대신 인
주와 바늘쌈지의 재료로 쓴다.

분포 한국, 일본, 만주, 중국 등.

박주리

박하

높이 60~100cm 가량 자라며 잎은 마주나고 타원형이다. 여름에 담자색 또는 백색의 작은 꽃이 줄기 윗부분에서 핀다.

잎에서 향이 나는데, 그 향을 박하향이라고 한다. 향료로 쓰이며, 사탕 제조 등 한약재로 쓰인다.

중국이 원산지이나 아시아, 유럽, 북아메리카 등 분포.

밤나무

산지에 자라며 과수로 재배된다.

높이 10 m 가량 자라며 잎은 타원상 피침형이고 가장자리에 톱니가 있으며 어긋난다. 꽃은 이삭 모양 연황색이며 5∼6월에 자웅 동주로 핀다.

가을에 밤송이가 익어 벌어지며 2∼3개씩 알밤이 떨어진다. 밤은 옛부터 우리가 많이 먹는 과실 중의 하나이다. 생으로 먹기도 하고 삶아서 또는 생밤을 말려 생률로 먹으면 달고 맛이 좋다.

한국, 중국, 일본 등지에 분포.

방가지똥

들이나 길가에 저절로 나는데 가축 사료로 좋다.

잎은 엉겅퀴와 비슷하나 가시가 없고 잎자루가 없이 줄기를 둘러싸고 핀다. 5~9월에 황색 또는 백색 꽃이 핀다. 이른봄이나 늦가을에 어린순을 뜯어 국을 끓이거나 나물로 무쳐 먹는데, 이 때 쓴맛을 데쳐서 물로 우려낸 다음에 먹어야 한다.

한국을 비롯하여 아시아, 유럽 전역에 분포.

방아풀

꿀풀과 다년생초

　높이 50~100cm 정도 자라며 잎은 난형이고 대생엽으로 달리며 8~9월에 연한 자주색 꽃이 핀다. 잎에서 특유한 향이 난다.

　어린 잎은 깻잎 모양이며 매운탕을 끓이는 데 넣어 먹으면 별미가 있다. 성숙한 식물체는 약용으로 쓰인다.

　어린순을 데쳐서 물로 우려낸 다음 된장이나 양념장으로 무쳐서 먹는데, 미리 쓴맛을 우려내야 한다.

　한국, 일본 등 분포.

번행초

석류풀과 다년생초

    해변가에 자생되며 높이 40~60cm 정도 자라고 사마귀 같은 돌기가 있다. 잎은 어긋나고 봄부터 가을까지 황색 꽃이 핀다.

    일년 내내 뜯어서 나물로 무쳐 먹고 국도 끓여 먹고 기름에 볶아 먹기도 한다. 풀 전체가 약용으로 쓰이며, 변비를 없애고 강장 효과가 있다.

    한국, 중국, 일본 등 분포.

벚나무

장미과 낙엽 교목

산지에 많이 퍼져 자생한다. 높이 20 m 가량 자라고, 수피는 검은 자갈색이며, 잎은 어긋나고 난형이며 톱니가 나 있다. 어릴 때는 적갈색 줄기이나 자라면서 흑갈색으로 변한다. 꽃은 4~5월에 분홍색 또는 흰색으로 많이 달려 핀다. 열매는 6~7월에 녹색에서 붉은색으로 또 완전히 익으면 흑적색으로 된다. 열매를 "버찌"라고 하며 달고 맛이 좋아 과실주나 잼을 만드는 데 이용된다.

한국, 중국, 일본 등 분포.

별꽃

석죽과 이년생초

  키는 30㎝ 가량 덩굴 모양으로 뻗어나며 잎은 마주나고 늦봄
에 흰 꽃이 핀다.

  맛이 단백하고 독성이 없으므로 우려낼 필요 없이 나물로 먹거
나 국에 넣어 먹는다. 성숙된 별꽃풀은 약용으로 쓰인다.

  한국, 일본 등 분포.

보리수

보리수나뭇과 낙엽 활엽 교목

   높이 3~4m까지 자라며 잎은 어긋나고 앞면은 녹색이며 뒷면은 은색으로 되어 있다. 5~6월에 황백색의 꽃이 피며 9~10월에 팥알만한 열매가 붉게 익는다. 먹으면 달고 맛이 좋다.

   산이나 들에서 번식하며 산울타리에 심기도 한다. 요즘은 개량종이 있어 열매가 큰 것도 있다. 잘 익은 열매는 달콤해서 생과로 먹기 좋아 어린이들이 즐겨 따먹는다. 과실주는 담그면 고운 색의 향이 좋은 술이 된다.

   한국, 일본 등 분포.

보리수

붓순나무

산지 바위틈이나 습기가 적은 곳에서 강한 햇빛보다는 그늘진 곳에서 자생한다.

나무는 5 m 정도까지 자라며 내한성이 약하여 우리나라는 남단에서 자생하고 있다. 생장 속도가 아주 늦으며 이식이 어렵다.

잎은 긴 타원형에 끝이 뾰족하며 어긋나고 두꺼우며 짙은 녹색에 광택이 난다. 4월경 잎 사이에서 연한 황백색 꽃이 피고, 열매는 6∼12개가 바람개비처럼 배열되어 9월경에 익는다. 열매는 특유의 향기가 있어 향료로 사용하고 목재는 양산대, 염주알, 주판알 등을 만든다.

열매는 독성이 있어 먹지 못한다.

제주, 진도, 완도, 일본, 대만 등 분포.

비름나물
비름과 일년생초

　풀밭이나 길가에 자생하며 야채로 재배도 한다.

　높이 1m 정도 자라고 굵은 가지가 뻗는다. 잎은 어긋나고 넓은 난형이며 꽃은 7월경에 백록색의 잔꽃이 잎겨드랑이에 모여 핀다. 맛이 단백하고 쓴맛이 없으므로 데쳐서 찬물에 헹구기만 하면 맛좋은 나물로 먹을 수 있으며 국에 넣어 먹기도 한다. 같은 종류로 개비름, 색비름, 털비름 등이 있다.

　인도가 원산지이나 한국, 일본, 중국 등 분포.

비비추

백합과 다년생초

자생 산지의 계곡 냇가에서 자란다.

모양 잎은 뿌리에서 모두 돋아서 비스듬히 자라고 잎줄기 맥이 8~9개가 있다. 가장자리가 밋밋하지만 다소 파상이 진다.

개화 꽃은 7~8월에 연한 자줏빛 또는 흰빛이며 한쪽으로 치우쳐 가지 위쪽에 달리고 꽃줄기는 30~40cm가 된다.

식용 연한 싹은 나물로 식용한다. 잎은 한약재로 쓰인다.

비자나무

　높이 35m까지 자라며 가지가 사방으로 퍼져 있다.

　나무껍질은 회갈색이고 잎은 폭이 2～3mm, 길이는 2～3cm 되는 침엽으로 깃처럼 두 줄로 배열되어 달린다. 꽃은 4월에 피는데 수꽃은 10개 안팎의 꽃이 피고, 암꽃은 한 곳에 2～3개씩 달린다. 이듬해 가을에 열매가 적자색으로 익는다.

　씨앗은 약간 떫은 맛이 있으나 볶아서 땅콩과 함께 먹고 씨에서 짜낸 기름은 식용 또는 약용으로 쓰인다. 한약재로 촌충의 구충제로 쓰인다. 목재는 건축 가구용 또는 바둑판으로 쓰인다. 나뭇결이 아주 고와 바둑판 중에는 최상의 고가품으로 판매된다.

　한국(내장산) 및 일본에 분포한다.

비파나무

　높이 5~10m 가량 자라며, 나뭇가지가 굵고, 잎의 앞, 뒷면이 연한 황갈색 솜털이 나고, 잎은 어긋나며 넓은 도피침형(倒披針形)으로 가장자리에 톱니가 나 있다. 10~11월에 백색 꽃이 피어 다음해 6월에 구형 또는 타원형으로 지름이 3~4cm 정도 되는 황색 열매가 달린다. 열매는 생식하고 과실주로 이용된다.

　잎은 진해, 건위, 이뇨제로 쓰인다.

　한국, 중국, 일본 등 분포.

뽕나무

뽕나뭇과 낙엽 교목

　높이 10 m 이상되는 것도 있으나 재배종은 매년 가지를 자르므로 관목 모양이 된다. 잎은 달걀꼴이거나 긴 타원형 여러 종류가 있다.

　자웅 동주로 봄에 잎겨드랑이에 황록색 꽃 이삭이 달리며 6월경 자흑색으로 열매가 익어 완전히 익으면 흑색이 된다. 열매를 "오디"라고 하며 달고 맛이 있다. 열매는 과실주로도 이용되고 잼을 만들기도 한다.

　잎은 누에 사료로 쓰며, 나무껍질은 황색 염료로, 목재는 가구 재료로 쓰인다.

　북반구의 온대, 난대에 약 35종이 분포한다. 우리나라에는 산상, 백상, 노상 등 3종이 있으며, 전체의 나무 뿌리 모두가 약용으로 쓰인다.

산돌배

　산이나 들에 자생하며 잎이나 나무가 배나무와 같다. 또한 열매도 같으나 우리가 재배하는 배보다는 작으며 4~5월에 백색 꽃이 피고 8~9월에 배가 익는다. 지금 우리가 먹는 배의 원종이다. 잘 익은 열매를 그대로 생식하며 잼을 만들어도 좋다.

　우리나라에서는 강원도와 함경 남도에서 자생하며 일본, 중국에 분포한다.

산돌배

산딸기

장미과 낙엽 활엽 관목

높이 1~2m로 자라며 나무에 가시가 많다. 잎은 어긋나고 가장자리에 톱니가 나 있다.

5월에 흰 꽃이 잎겨드랑이나 가지 끝에서 피고 열매는 7월에 붉게 또는 진한 흑홍색으로 익는다. 열매는 달고 맛이 좋아 생과로도 따먹고 잼과 과실주로 이용된다. 비슷한 덩굴 딸기도 있다.

한국, 일본, 중국 등지 분포.

산딸기

산딸나무

층층이나뭇과 낙엽 활엽 관목

　나무 높이 12 m 가량 자라고 표고 300~1800 m 에서 자라며, 우리나라는 제주도 한라산에서 자생된다.

　가지가 수평으로 퍼지며 내한성이 강하고 토심이 깊고 비옥한 땅에서 생장이 좋다. 잎은 계란형이며 마주나고 꽃은 6월에 지난 해 자란 가지에서 백색의 십자형으로 피고 열매는 9~10월에 딸기처럼 진홍색으로 익는다. 잘 익은 열매는 감미가 높아 입맛을 돋구며 그대로 먹기도 하고 과즙을 내어 마시기도 하며 과실주를 담그기도 한다.

　열매 속에는 여러 개의 씨가 있다. 나무는 조각 재료로 이용되고, 백색 꽃이 십자 모양으로 피는데, 성스러운 나무로 기독교인의 사랑을 받는다. 번식은 꺾꽂이가 가능하며 씨앗으로도 번식된다.

산머루

깊은 산 나무에 얽혀 자생하는데 길이 10 m 까지 자란다.

잎은 어긋나고 넓으며 가장자리에 톱니가 있다. 6월경 황록색 꽃이 피고 8~9월에 열매가 검은빛으로 익는다. 나무나 열매가 포도와 비슷하나 알이 조금 작다. 까맣게 익은 머루는 포도보다는 신맛이 적고 달다. 과실주로 머루주를 꼽을 만큼 좋다. 예전에는 염료로도 사용했다.

또 들의 바위 덤불에서 자생되는 새머루도 있다. 새머루도 모양과 맛은 같으나 알이 아주 작다.

한국, 중국, 일본, 만주 등 분포.

산비장이

국화과 다년생초

   산지 초원에 많이 자생되며 키는 30∼150cm 정도 자란다. 잎은 깃꼴로 갈라져 나며 7∼10월에 연한 홍자색 두상화로 가지 끝에 하나씩 핀다. 엉겅퀴와 비슷하다. 이른봄에 어린 싹을 나물로 먹는데 맛이 쓰고 떫기 때문에 데쳐서 찬물에 약간 우려낸 다음, 국에 넣거나 기름을 많이 쳐서 무쳐 먹는다.

   한국, 일본 등 분포.

산사나무(아가위나무)

능금나뭇과 낙엽 활엽 교목

  골짜기나 촌락 부근에 자생되며 나무 높이는 6 m 가량 자라고 가지에는 가시가 있다. 잎은 어긋나고 가장자리에 불규칙한 톱니가 있다. 초여름에 흰색 꽃이 피며 가을에 열매가 열려 붉게 익는다. 열매는 산사자 또는 아가위 열매라 하여 약용과 식용으로 하며 과실주로도 이용된다.

  물엿으로 졸여서 과자를 만들기도 하고 열매를 넣어 죽을 끓여 먹기도 한다.

  한국, 만주, 중국, 일본, 북부 시베리아 등 분포.

산수유

층층이나뭇과 낙엽 소교목

　우리나라 중부 이남에 들이나 밭 또는 울타리에 심은 곳도 있다. 높이 7 m 가량 자라고 껍질이 벗어지며 연한 갈색이다. 어린 가지는 솜털이 나며 잎은 마주 난다. 잎의 앞면은 녹색이고 뒷면은 연한 녹색으로 차이가 난다. 꽃은 3~4월에 잎보다 먼저 피며 노란색으로 한 눈에 여러 개가 소복이 피어난다.

　열매는 타원형으로 처음은 녹색으로 달리나 익어 가면서 빨갛게 된다. 열매는 약간 신맛이 있어 과실주로 일품이다. 또한 한약재로 쓰인다.

　한국, 일본 등 분포.

산초나무

운향과 낙엽 관목

산에서 자라고 높이 3m까지 자란다. 잔가지에 가시가 많고 잎은 어긋나며 복엽으로 핀다. 잎을 따서 냄새를 맡으면 산초 냄새가 난다.

꽃은 8~9월에 피고 백색이며 작은 꽃이 모여서 핀다. 열매는 녹갈색이며 성숙하면 붉게 세 쪽으로 갈라져서 검은 종자가 나온다. 열매가 성숙되면 벌어지기 전에 꼬투리째 채취하여 말리면 까만 종자가 빠진다. 이 씨로 기름을 짜면 산초기름이며, 종자 피는 산초향으로 추어탕 또는 매운탕에 향료로 식용한다.(비슷한 초피나무도 있다)

씨가 떨어지기 전에 열매를 꼬투리 채 따서 간장에 졸여 먹고, 기름도 전을 부치는 데 쓴다.

한국, 일본, 중국 등 분포.

삽주

　산의 초지에 자생되며 키가 30~100㎝ 가량 자라고 잎은 어긋
난다. 윗부분에 달린 잎은 난형이나 밑부분에 나는 잎은 3~5개
로 갈라져 가장자리에 가시 같은 톱니가 있다. 뿌리줄기는 길고
마디가 있으며 가을에 담자색을 띤 흰 꽃이 줄기 끝에 한 개씩
핀다. 어린순에는 쓴맛이 있으므로 데쳐서 흐르는 물에 오래 우
려낸 다음 양념을 해서 나물로 먹는다. 맛좋은 산나물 가운데서
도 손꼽히는 것이며 때로는 생으로 먹기도 한다. 뿌리는 한방에
서 "백출"이라 하며, 이뇨제나 건위제로 이용된다.

　한국, 만주, 일본 등 분포.

상수리나무

참나뭇과 낙엽 교목

　산에 자생되며 높이 20～25 m 가량 자란다. 잎은 어긋나며 긴 타원형이고 가장자리에 톱니가 있다. 자웅동주로 꽃은 5월에 피며 열매는 다음해 9～10월에 익는다. 열매를 도토리라 하여 도토리묵을 만들어 먹는다.

　재목은 단단하고 결이 좋아 부러지지 않으나 잘 쪼개진다. 또한 이 나무에 표고버섯 종균을 넣어 길러낸다.

　한국, 만주, 중국, 대만, 일본 등 분포.

석산

 땅속에 수선화 구근 모양의 비늘줄기가 있는데 넓은 타원형으로 되어 있다. 9~10월에 비늘줄기에서 나와 30~50㎝ 자란다. 줄기 끝에 나리꽃 같이 붉은 꽃이 핀다. 꽃이 지고 나서야 잎이 무성하게 넓은 부추잎 같은 것이 난다. 비늘줄기에는 독성이 있어 토하게 하거나 창에 찔린 데 약으로 사용한다.

 중국이 원산지이나 일본 등을 통하여 들여와 관상용으로 키운다.

선씀바귀

　들의 풀밭에서 자생하며 높이 20～50㎝ 가량 자라고 잎은 사방으로 퍼지고 줄기에는 한두 개씩 달린다. 5～6월에 연한 자줏빛 또는 황백색 꽃이 핀다. 뿌리와 어린 잎은 약간 쓰고 떫은 맛이 있으므로, 데쳐서 물로 우려내고 먹으면 참 맛이 좋다. 씀바귀처럼 맛이 쓰고 모양도 비슷하다.

　한국, 일본 등 분포.

소귀나무

주로 따뜻한 지방에서 자라며 키는 25m까지 자란다. 잎은 호생하여 나고 두꺼우며 봄에 황홍색의 꽃이 이삭으로 핀다. 여름에 딸기처럼 진홍색으로 익는다. 열매는 맛이 달고 감미로우며 과실주와 잼을 만들어 먹으면 좋다.

한국, 일본, 중국, 대만, 필리핀 등지 분포.

소귀나무

소귀나뭇과 상록 활엽 교목

소귀나무

솜방망이

국화과 다년생초

　건조한 양지쪽 들에서 자생하며 전체가 솜털이 많이 나 있다. 높이 60~90cm 가량 자라며 잎은 어긋나고 줄기의 잎은 잎자루가 없이 피침형으로 달린다. 5~6월에 노란 꽃이 줄기 끝에 피며 꽃부분은 한약재, 거담제로 이용된다.

　어린 새순은 나물로 먹으나 쓰고 독성이 강하므로 데쳐서 흐르는 물에 충분히 우려낸 다음 무쳐서 먹거나 나물밥을 해서 먹는다. 그러나 독이 많다는 것을 잊지 말아야 한다.

　한국, 일본, 만주, 중국 등에 분포.

쇠뜨기

속새과 다년생 양치식물

 밭이나 들에 자생하고 지하경이 뻗으면서 마디에서 지상경이
나온다. 이른봄에 자라는 것은 생식 줄기이고 끝에 포자낭수가
달린다. 가지가 없고 마디에 비늘 같은 잎이 돌려나며 연한 갈색
이다. 영양 줄기는 생식 줄기가 쓰러질 무렵에 자라고 녹색이며
마디와 능선이 있다. 마디에 비늘 같은 잎이 돌려나고 가지가 갈
라진다. 쇠뜨기란 소가 잘 뜯어 먹는다는 뜻에서 나온 이름 같다.
생식 줄기가 성숙되기 전 꺾어서 손질한 다음 데쳐서 나물로 먹
거나 기름에 볶아 양념을 해서 먹는다. 영양 줄기는 민가에서 이
뇨제로 쓴다.

 동남 아시아 여러 곳에 분포.

쇠무릎

비름과 다년생초

　줄기는 네모지고 마디는 소의 무릎과 같이 두드러져 있다. 잎은 마주나고 8~9월에 연한 녹색 꽃이 피며 열매는 가시가 있어 옷이나 동물 털에 붙어 종자를 옮긴다. 어린 싹은 나물로 식용하며 뿌리는 한약재로 임질, 강장, 이뇨, 해열제 등으로 쓰인다. 민가에서는 줄기와 잎은 독사에 물린 데 찧어 바르면 해독이 된다 하여 사용했다.

　이른봄 어린순을 꺾어 나물로 무쳐 먹거나 국을 끓여 먹는다.

　한국, 일본 등에 분포.

쇠별꽃

석죽과 이년생초 또는 다년생초

　습지에 자생하며 밑부분은 옆으로 뻗다가 곧게 크며 20~50cm
가량 자란다. 잎은 마주나고 윗부분 잎은 잎자루가 없다. 초여름
에 흰 꽃이 피며 어린 새순을 무침나물로 먹거나 국을 끓여 먹는
다. 쓴맛이 전혀 없으므로 소금에 절여서 생채로 먹기도 한다. 생
초는 한약재, 위장약으로 쓰인다.

　한국, 일본, 중국 등에 분포.

수리취

　산에 자생되며 줄기의 키는 80～100㎝ 가량 크며, 잎 뒷면은
은색 솜털이 많이 나 은빛이 나고 톱니가 있다. 9～10월에 흰색
꽃 또는 자주색이 나는 꽃이 가지 끝에 두상화로 핀다.

　어린 잎은 쌈으로 먹거나 데쳐서 무침나물로 먹기도 하고, 쑥
떡처럼 수리취떡도 만들어 먹는다.

　한국, 일본, 중국 등 분포.

수영

　야산, 들에 자생되며 줄기는 30~80㎝ 가량 자라고 능선이 있으며 홍자색 빛깔이 난다. 잎은 어긋나고 넓은 피침형이며 가장자리가 밋밋하다.

　초여름에 담홍색 꽃이 피며 어린 잎과 줄기는 식용한다. 어린 잎을 데쳐서 나물로 먹고 어린순은 소금에 절여서 먹으며 뿌리도 도라지와 같은 방법으로 조리해서 먹는다.

　약간 신맛이 나는 것은 수산이 포함된 탓이므로 너무 많이 먹어서는 안 된다.

　한국, 일본, 북반구 온대지방에 분포.

순채

수련과 다년생초

 근경이 옆으로 뻗으면서 길게 자라서 잎이 수면에 뜬다. 잎은 어긋나고 타원형이며 뒷면은 자줏빛이 돌고 중앙에 잎자루가 달린다. 잎은 자랄 때는 어린 줄기와 더불어 한천 같은 점질로 둘러싸여져 있다.

 꽃은 5~8월에 피고 검은 홍자색으로 잎겨드랑이에서 나와 꽃대 끝에 달린다. 초여름에 어린순을 따서 약간 데쳐서 된장이나 고추장에 무쳐 먹는다.

 동아시아, 인도, 호주, 서아메리카, 북아메리카 등 분포.

쉽사리

  습지에서 자라며 줄기의 키가 1m 가량 자라고 줄기가 네모져 있다. 잎은 마주나고 피침형이며 7~8월에 백색 꽃이 잎겨드랑이에 달린다. 이른봄에 땅 속에서 굵은 줄기를 캐내어 가늘게 쪼개서 나물로 무쳐 먹는데 쓴맛이 있으므로 물에 우려낸 다음 간을 한다. 연한 싹도 같은 요령으로 먹는다. 성숙된 것은 약용으로 쓰인다.

  아시아 동부에서 북아메리카 등 분포.

시로미

시로밋과 상록 관목

줄기는 땅으로 뻗고 주로 군생하며, 길이는 10∼20㎝ 정도 자라며 잎은 소복이 뭉쳐 난다. 초여름에 연홍색 꽃이 피고 열매는 흑색으로 익는다. 열매는 먹으며 또는 과실주로 이용된다. 주로 높은 산에 자생되며 우리나라는 한 종만이 한라산과 백두산에서 자란다.

일본, 남아메리카 고산에 분포한다.

쑥

　야산 또는 들의 논두렁에 흔히 자생하며 뿌리가 옆으로 뻗으며 뿌리로 번식한다.

　높이 15~20cm로 자라며 잎은 어긋나고 잎 앞면은 녹색이고 뒷면은 흰 솜털로 되어 있다. 꽃은 8~9월에 황백색으로 핀다. 어린 싹을 뜯어 식용하는데, 쑥국도 끓여 먹고 쑥으로 떡도 해 먹는다. 쑥의 종류는 여러 종이 있다. 들쑥이라 하여, 술을 빚을 때, 누룩을 만드는 데, 들쑥 말린 것으로 누룩을 띄운다. 또한 쑥은 한방에서 뜸에 사용한다.

　한국, 중국, 일본 등지 분포.

쑥부쟁이

국화과 다년생초

야산 계곡 습지에 나며 땅속줄기로 번식하며 줄기는 자줏빛을 띤다. 잎은 어긋나고 피침형이며 가장자리가 굵은 톱니로 되어 있다.

7~10월에 엷은 자줏빛 꽃이 핀다. 어린 싹을 데쳐서 나물로 먹고, 기름에 볶아 먹기도 하며, 혹은 쌀과 섞어 밥을 지어 먹기도 한다.

한국, 일본, 중국, 시베리아 등 분포.

쑥부쟁이

국화과 다년생초

씀바귀
국화과 다년생초

  산과 들에 저절로 나는데 높이 25~50cm까지 자란다. 위에서
가지가 갈라져 초여름에 노란 꽃이 핀다. 줄기나 잎을 따내면 우
유빛 같은 즙이 나오는데, 몹시 쓴맛이 나며 잎과 뿌리는 나물이
나 김치로 만들어 먹는다. 요즘 농가에서 재배도 많이 한다.
  한국, 일본, 중국에 분포.

아그배나무

장미과 낙엽 활엽 소교목

　황해도 이남에서 자라며 가지가 많고 어린 가지에 털이 있으며 잎은 호생하고 난형이다. 또한 잎의 가장자리에 톱니가 있다. 꽃은 5월 중순에 피며 연한 홍색이나 차츰 백색으로 된다.

　열매는 사과와 비슷하나 아주 작은 도토리만하고 홍색 또는 황홍색으로 익는다. 열매가 익으면 신맛이 많이 나 먹어도 신선하나 과실주로 주로 이용된다.

　한국, 일본, 중국에 분포한다.

애기똥풀

양귀빗과 이년생초

　높이 30~80cm까지 자라며 시골집 근처나 들에서 자생하며 줄기와 잎은 분백색이 돌고 상처를 내면 감황색의 즙이 나오기 때문에 애기똥 같다 하여 애기똥풀이라 명명된 것이다.

　봄, 여름에 노란 꽃이 피고 독성이 있어 먹지는 못하나 마취, 진정 작용이 있어 약재로 쓰이고 있다.

　동아시아 지역에 널리 분포됨.

양지꽃

장미과 다년생초

    보통 야산에 자생하며 뿌리와 줄기는 굵고 높이는 30〜50cm 정도 자라며 전체에 털이 나 있다. 봄에 노란 꽃이 피며 잎은 뿌리에서 무더기로 나온다. 이른봄에 연한 잎을 따다 데쳐서 나물로 먹고 국을 끓여 먹는다. 쓴맛이 없고 단백하므로 간을 잘 맞추면 맛이 참 좋다.

    한국, 일본, 만주, 시베리아 등 분포.

얼레지

백합과 다년생초

길이 15㎝ 정도 자란다.

모양 비늘줄기가 땅속 깊이 들어 있고 두 개의 잎이 나와 수평
으로 퍼진다. 잎은 난형 또는 타원형이며 녹색 바탕에 자
주색 무늬가 있고 가장자리가 밋밋하다. 꽃줄기는 잎 사이
에서 나와 끝에서 한 개의 꽃이 밑을 향하여 달리고 꽃잎
은 6개이며 뒤로 말리고 자홍색이다.
자생지는 높은 지대의 비옥한 땅에서 자라지만 광릉과 남
쪽에서는 높지 않은 골짜기에서도 자란다.

식용 어린 잎은 나물이나 국거리로 쓰고, 알뿌리는 고기와 함께
졸여서 먹는다.

엉겅퀴

국화과 다년생초

키 50~100㎝

모양 전체에 흰 털과 거미줄 같은 털이 났다. 아랫잎은 크고 줄기에 달린 잎은 날개 깃 모양 갈라져 있고, 밑은 줄기를 감싸며 갈라진 가장자리가 다시 갈라져 톱니와 더불어 가시가 나 있다.

개화 6~8월에 자주색에서 적색 두상화로 꽃이 핀다.
잎이 좁고 가시가 다소 많은 것을 좁은잎엉겅퀴, 잎이 많이 달리고 가시가 많은 것을 가시엉겅퀴, 흰 꽃이 피는 흰가시엉겅퀴 등이 있다.

식용 어린 잎을 따서 국을 끓여 먹기도 하고 나물로 무쳐 먹는다. 줄기는 껍질을 벗겨 장아찌로 만든다. 성숙한 뿌리는 약용으로 쓴다.

분포지 한국, 일본, 만주 등.

연

　연꽃이라 하면 물에서 자란다는 것은 누구나 잘 알 것이다. 줄기는 굵고 마디가 있으며 곧게 뻗는다. 잎은 뿌리줄기에서 나와 1~2m 잎자루 끝에 둥글고 큰 잎이 달리는데 물에 젖지 않고 물방울은 굴러다닌다.

　7~8월에 붉은색 또는 흰색 꽃이 핀다. 땅속줄기는 연근이라 하여 반찬으로 이용되며 어린 잎은 나물로 먹는다.

　꽃이 지고 나면 벌집과 같이 생긴 연밥이 생긴다. 열매는 숙과가 되면 까서 먹으면 맛이 좋다. 씨는 약용으로도 쓰인다.

　한국, 중국, 일본, 인도 등 분포.

연리초

　산지나 들, 풀밭에서 자생하며 키는 30~60㎝ 정도 자란다. 잎은 어긋나고 1~3쌍의 작은 잎으로 끝이 갈라지지 않은 덩굴손이 있다.

　초여름에 나비 모양의 홍자색 꽃이 피며 어린 잎은 나물로 먹는다.

　한국, 중국, 일본, 동부 시베리아 등 분포.

오미자

덩굴나무 목련과 낙엽 덩굴성식물

   잎은 어긋나고 타원형이며 잎의 가장자리에 톱니가 있다. 6~7월에 향기로운 황백색의 꽃이 피며 가을에 붉은 열매가 익는다. 산기슭의 돌이 많은 비탈이나 집 돌담에 서식한다. 열매가 익으면 과실주로 이용되며 한약재로 쓴다. 오미자는 다섯 가지 맛이 있다 하여 오미자(쓴맛, 단맛, 신맛, 매운맛, 짠맛)라 하였다.

   어린순을 데쳐서 물에 우려낸 다음 나물로 무쳐 먹고 말린 열매는 차로도 끓여 마신다.

   한국, 중국, 일본, 만주 등지에 분포.

오이풀

장미과 다년생초

　산이나 들에 자생되며 줄기의 키는 1m 정도 자라고 위에서 가지가 갈라진다. 잎은 어긋나고 깃꼴겹잎이며 6~9월에 홍자색 꽃이 뭉쳐서 핀다. 이른봄에 연한 잎을 나물로 먹고 뿌리는 잘게 썰어서 밥을 지어 먹는데 쓴맛이 있으므로 데쳐서 우려낸 다음에 먹는다. 꽃과 잎을 말려 차로도 달여 마신다. 뿌리는 지유라 하여 지혈제로 쓴다.

　한국, 중국, 일본, 동부 시베리아 등 분포.

옻나무

높이 20 m에 달하며 잎은 한 줄기에 9~11개가 깃 모양으로 마주 달린다. 꽃은 이삭 모양 6월에 피며 황록색이고 열매는 연한 황색으로 윤기가 있고 9월에 익는다. 나무의 즙을 내서 장롱이나 상에 칠을 입히면 윤이 나고 썩지가 않는다. 나무즙에 독성이 있어 몸에 닿으면 옻이 올라 가려움증이 일어난다. 옻이 안오르는 사람은 옻나무순 연한 것을 데쳐 쌈나물로 먹는 사람도 있는데 맛이 좋다고 한다. 반드시 주의해야 한다.

한국, 일본, 중국 등지에 분포.

우산나물

  산야의 습지에서 자생되는데 키는 50~100cm 정도 자라며 가지가 없고 잎은 2~3개의 잎이 달린다.

  밑의 잎은 잎자루가 길고 밑부분이 원줄기를 둘러싸며 7~9개로 갈라져 가장자리에 톱니가 있다. 꽃은 6~9월에 담황색으로 피며 작은 꽃이 여러 개 모여서 핀다. 잎은 새로 나올 때 보면 우산을 편 것 같아 우산나물이라고 한 것이다.

  생긴 모양과는 달리 맛이 좋은 나물이다. 어린 잎을 따서 데친 다음 물에 우려내면 쓴맛과 특이한 냄새가 사라진다.

  한국, 일본 등지 분포.

원추리

길이 1m까지 자란다.

모양 뿌리가 사방으로 퍼지고 잎은 두 줄로 배열돼 피며 끝이 처진다. 꽃줄기는 잎 사이에서 나와 끝이 갈라져 핀다. 꽃은 등황색이고 길이 10∼13mm 긴 타원형이다.

식용 어린순을 고기와 함께 국을 끓이면 미역국 이상으로 맛이 좋다. 새순을 기름에 볶아 먹기도 한다. 꽃은 중국 요리의 향료로 쓴다. 뿌리는 이뇨, 지혈, 소염제로 사용된다. 비슷한 왕원추리도 있다.

분포 한국, 일본, 중국 등.

윤판나물

백합과 다년생초

   길이는 30~60cm까지 자라고 산지에서 자생된다. 뿌리는 짧으며 옆으로 뻗어 자라고 원줄기 윗부분에서 갈라진다. 잎은 마주나며 끝이 뾰족하다. 꽃은 4~6월에 피고 가지 끝에 1~3개가 밑을 향하여 달리며 황백색으로 핀다.

   봄철에 어린순을 따서 나물로 먹거나 국을 끓여 먹는다. 부드럽고 맛이 좋으나 많이 먹으면 설사를 한다.

   물에 우려낸 다음 먹는다.

   한국, 일본, 중국 등 분포.

으름

　길이 5m까지 뻗으며 가지 줄기는 털이 없고 갈색 빛이다. 잎은 5개의 작은 잎으로 한 잎자루에 달려 있고, 4~5월에 자줏빛 색깔의 꽃이 많이 피며, 열매는 타원형으로 달린다. 열매가 숙과가 되면 배가 갈라지고 희고 맑은 덩어리에 까만 씨가 많이 들어 있다. 먹을 때 씨를 씹으면 아릿하므로 씹지 말고 우물우물하다 삼켜야 한다. 어린순은 국을 끓여 먹고 연한 잎을 볶아 말려서 차로 마신다. 뿌리 및 가지는 한약재로 쓰인다.

　우리나라는 황해도 이남에서 자라고, 일본, 중국 등지에 분포한다.

은방울꽃

고냉지 또는 고원에서 자생되며 잎집 사이에서 2~3개의 잎이 나오고, 6월경에 잎 사이에서 꽃대가 비스듬히 나와 희고 작은 방울종과 같은 꽃이 핀다. 관상용으로 재배하며 전초는 강심제, 이뇨제로 사용되고, 향수의 원료가 추출되며 생화는 신부의 부케로 사용되기도 한다. 독성이 있는 식물이므로 먹지 못한다.

한국, 중국, 일본, 시베리아 동부에 분포.

은행나무

은행나뭇과 낙엽 교목

높이 60 m에 달하고 잎은 부채 모양으로 한 눈에 여러 개가 달린다. 은행나무는 암수가 구별되어 있다. 수나무는 나뭇가지가 곧게 쭉쭉 뻗고 열매는 열리지 않는다. 암나무는 나뭇가지가 곧지 않고 옆으로 처지며 가지가 많은 것이 특징이다. 꽃은 5월에 피는데 암꽃은 녹색, 수꽃은 연한 황색이고 10월에 열매가 노랗게 익는다. 열매는 은행이라고 한다.

나무는 관상용 또는 가로수로 많이 심으며 목재는 조각, 가구, 바둑판 등에 쓰인다. 성숙된 은행은 독이 있어 은행 알을 채취할 때 주의하여야 한다. 독이 있어 피부에 닿으면 가려움증인 옴이 올라 치료를 해야 된다. 은행은 구워서 먹거나 떡 또는 밥에도 두어서 먹는다. 은행을 삶아서 그 물을 마시면 진해제로도 좋다.

은행나무

이대

대나무의 일종

높이 2~4m까지 자라며 잎은 피침형이며 줄기의 속이 비었고 끝에 순이 생긴다. 여름에 가지 끝에 꽃이 피고 열매는 가을에 익는다.

열매는 먹으며 새순은 죽순과 같이 요리하여 먹는다. 또한 줄기는 바구니 따위를 엮어 만들어 사용한다.

우리나라 중부 이남과 일본 등지에 분포.

이대

인동

인동과 덩굴성 관목

  산이나 들에서 자라며 새 줄기는 적갈색으로 털이 있고 속이 비어 있다. 잎은 타원형이며 길이는 3~8cm, 나비 1~3cm로 톱니가 없다. 꽃은 6~7월에 희게 피며 차츰 노랗게 변한다. 잎과 꽃은 이뇨제, 건위제, 해열제, 소염제로 사용한다. 또한 꽃이 피면 향기가 아주 좋다. 예전에는 감기가 들면 인동덩굴을 거두어 밤과 대추를 넣어 달여서 먹으면 감기가 낫는다.

  한국, 일본, 중국 등지 분포.

잇꽃

　지금 우리나라에는 거의 멸종 상태이나 꽃이 좋아 소개한다.

　높이 1m 정도 자라며 잎은 어긋나고 넓은 피침형이고 가장자리에 가시가 있다. 7∼9월에 적황색 꽃이 피며 씨는 기름을 짜고 꽃은 종양, 구강염 등의 약재로 쓰인다. 꽃은 염료로 쓰이며 40년 전만해도 이 꽃은 농가에서 재배하여 꽃잎을 옷감의 염료로 사용했었다.

　중국, 인도, 이집트 등 분포.

잔대

　원줄기는 40∼120cm 정도 자라며 전체적으로 잔털이 있다. 잎은 3∼5개가 돌려나고 꽃줄기에 따라 잎의 모양과 크기가 다르며 가장자리에 톱니가 있다. 줄기에 상처를 내면 우유 같은 액이 나오며 꽃은 7∼9월에 피고 종류에 따라 다르나 연보라색으로 종모양 핀다. 또한 민들레 꽃봉오리같이 생긴 길이가 5cm쯤의 꽃봉오리가 달리는데 꽃이 지면 씨앗을 민들레 씨앗처럼 바람에 날려 번식한다.

　싹은 나물로 먹으며, 뿌리는 더덕과 같이 생겼는데 향이 없고 도라지처럼 아린 맛도 없어 생으로 고추장에 찍어 먹어도 좋다. 뿌리는 한방에서 "사삼"이라 하여 진해, 거담, 해열, 강장제로 사용한다.

장딸기

  땅속줄기가 옆으로 길게 뻗으면서 군데군데 새순이 자라서 높이 20~60cm 자란다. 잎은 어긋나고 피침형인데, 작은 잎은 3~5개이며 가장자리에 톱니가 있고 양면에 털이 나 있다. 5~6월에 흰 꽃이 지난해 가지 옆으로 나온 짧은 가지 끝에서 1개씩 핀다. 7~8월에 둥글고 붉은 열매가 익는데 생으로 따먹는다.

  우리나라 남부지방 섬에서 자라며 중국, 일본 남부에 분포한다.

주목

주목과 상록 침엽 교목

높이 22m 정도 크며 가지가 사방으로 퍼지고 나무껍질은 적갈색이다. 바늘 모양의 잎이 나선 모양으로 달리며, 꽃은 4월에 잎겨드랑이에 달리는데, 수꽃은 작은 이삭으로 달리고 암꽃은 1~2개씩 달린다.

열매는 9월에 붉게 익는다. 붉게 익은 열매는 먹으며 과실주로 이용된다. 익지 않은 파란 열매는 독이 있으니 먹으면 안 된다.

나무는 건축 자재로 쓰이고 붉은 열매는 염료로 사용되며 가지와 잎은 약재로도 쓰인다.

한국, 만주, 일본, 시베리아 등지 분포.

지칭개

국화과 이년생초

　길가나 들, 밭에 자생하며 줄기의 키가 60∼80㎝ 정도 자란다.
뿌리에서 나온 잎은 잎자루가 길고 줄기의 잎은 깃꼴로 깊게 갈
라지며 잎자루가 없는 것도 있다. 여름에 연한 자주색의 두상화
로 핀다. 이른봄에 월동한 싹을 뿌리채 캐서 나물로 해 먹고 국
도 끓여서 먹는다.
　한국, 일본, 중국, 인도 등지 분포.

질경이

질경잇과 다년생초

　시골 길가나 들, 논두렁, 빈 집터 주변에 자생한다. 원줄기는 없고 뿌리에서 많은 잎이 나와 사방으로 퍼진다. 잎은 타원형으로 피며, 꽃은 잎 사이에서 줄기가 올라와 6~8월에 백색으로 피고, 씨가 익으면 까만씨가 주머니 같은 씨방에서 나와 번식된다. 씨는 한약재로 쓰며 연한 잎은 데쳐 말렸다 나물로 무쳐 먹든가 양념하여 참기름에 볶아 먹으면 일미이다.

　옛날에는 흉년에 연명하기 위해서 많이 먹었다. 잎과 뿌리를 국으로 끓여 먹기도 하고 데쳐서 나물로 무쳐 먹는다.

　한국, 일본 등 분포.

참나물

미나릿과 다년생초

  산지의 나무 그늘 약간의 습기가 있는 곳에 자생하는데 줄기는 높이 50~80cm 정도 자라며 잎은 미나리 잎과 비슷하며 끝이 뾰족하고 톱니가 있다.

  6~9월에 흰 꽃이 가지 끝에 모여서 핀다. 연한 부분은 나물로 먹으며 향이 좋고 잎에 윤기가 나며, 생잎을 쌈으로 싸서 먹으면 좋다. 또한 김치로도 담가 먹고 무쳐서도 먹는다.

  한국, 만주, 일본 등지 분포.

참소리쟁이
마디풀과 다년생초

집 주위나 논, 밭두렁에 습기가 약간 있는 곳에 자생한다.

높이 40~100cm로 자라며 잎은 녹색이고 길게 자란다. 뿌리는 굵고 땅 속에 깊게 박혀 있다. 처음 나는 잎은 길고 크나 줄기에 나는 잎은 점점 작아지게 핀다. 5~7월에 작은 꽃이 무리지어 가지에 핀다. 부드럽고 감칠맛이 있는 좋은 나물이며, 어린 잎을 나물로 먹고, 국을 끓일 때는 데치지 않고 그대로 고기와 함께 끓여 먹어도 맛이 좋다.

한국, 일본 등 분포.

참취

　산과 들에서 자라며 높이 1~1.5 m 정도 자라고 윗부분에서 가지가 갈라진다.

　근생엽은 자루가 길고 심장형이며 가장자리에 톱니가 있으며 꽃필 때쯤이면 말라 죽는다. 줄기에 나는 잎은 어긋나고 밑부분은 근생엽과 비슷하며 잎자루에 날개가 있다. 줄기에 나는 잎은 위로 올라가면서 점차 작아지고 꽃 밑의 잎은 타원형 또는 장란형(長卵形)이다.

　꽃은 8~10월에 흰색으로 피고 가운데는 황색이다. 정월 대보름날에 먹는 묵나물이 바로 이 참취를 말린 것인데 어린 잎은 쌈으로 먹거나 무침나물로도 맛이 좋다. 기름에 볶아 먹어도 일품이다. 취는 경기도 양평에서는 재배도 한다.

　한국, 일본, 중국 등 분포.

참취

천남성

천남성과 다년생초

깊은 산 음지에 나는 유독 식물. 덩어리 같은 뿌리는 살이 찌고 수염이 달렸다. 5~7월에 진보라색 꽃이 피고 열매는 옥수수 같이 생겼는데 붉게 익는다.

뿌리는 치담, 치풍의 한약재로 쓰인다. 독성이 많으므로 먹지 않는 것이 좋다.

한국, 일본, 중국 등지 분포.

천남성

천선과나무

　높이 2～4m 나무껍질은 밋밋하며 가지는 회백색이고 상처를 내면 젖 같은 즙이 나온다.

　잎은 어긋나고 도란형 혹은 타원형이나 5～6월에 꽃이 피며 흑자색의 열매가 달린다. 어린 잎은 나물로 먹을 수 있으며, 과실은 식용 또는 과실주로 사용되며, 나무껍질은 제지 원료로 사용한다.

　한국, 일본, 중국 등 남쪽에 분포한다.

청나래고사리

  습기가 있는 숲속에서 자라며, 뿌리는 묵은 잎자루의 기부로 싸여서 덩어리처럼 생겼고, 잎이 무더기로 나와서 비스듬히 퍼진다. 잎은 영양엽과 실엽 등 두 종류이고, 근경은 옆으로 가는 지하경이 뻗어서 끝에 새 잎이 달리므로 군총을 형성한다.

  실엽은 가을철에 나오고 영양엽보다 짧으며 좁게 생겼고 가장자리가 뒤로 말려서 포자낭군을 감싸고 있다. 어린순을 나물로 먹거나 국을 끓여 먹는데 고사리와 같은 방법으로 조리하면 된다.

  아시아, 유럽, 북아메리카에 분포.

층층이꽃

꿀풀과 다년생초

　야산이나 들에 나며 줄기의 키는 15~40㎝ 가량 자라며 윗부분에서 가지가 갈라진다.

　잎은 마주나고 긴 달걀꼴이고 7~8월에 담홍색 꽃이 잎겨드랑이에 모여 층층이 핀다. 봄철에 연한 순을 뜯어와서 잘 데친 다음 물을 갈아가며 오래도록 쓴맛을 우려내고 양념을 해서 먹는다. 뿌리는 약용으로 쓰인다.

　한국, 일본 등 분포.

칡

콩과 다년생 만경 덩굴식물

산야에서 흔히 자라며 나무 덤불에 얽혀 살기도 하고 땅으로 뻗으며 살기도 한다. 땅으로 뻗은 마디마다 뿌리를 내려 구근을 만들며 번식한다.

줄기에는 솜털이 많이 나며 표피는 갈색이다. 껍질을 벗겨 갈포를 만들며 끈으로도 만들어 사용한다. 꽃은 여름에 자주색으로 피며 열매는 콩깍지처럼 꼬투리가 달려 씨앗을 맺는다.

칡 뿌리는 칡주와 녹말로 만들어 국수나 떡을 만들어 먹는다. 또한 갈근이라 하여 한약재로 쓰인다.

옛날에는 연한 순을 나물로 먹기도 하였고 잘게 썰어 쌀과 섞어 칡밥을 지어 먹기도 하였다.

한국, 일본, 중국 등 분포.

파드득나물

산림의 그늘진 습지에 자생되며 키는 30〜60㎝로 곧게 자란다. 잎은 어긋나고 잎자루 끝에 3개의 작은 잎이 있다. 여름철에 흰 꽃이 피고 타원형의 열매가 까맣게 익고 향기가 좋다. 봄철에 어린 싹을 뜯어 가볍게 데쳐, 물에 우려낸 다음 간장에 무쳐 먹는다.

한국, 일본, 중국 등지 분포.

팥배나무

장미과 낙엽 활엽 관목

　야산에 자생하며 높이 15m 가량 크며 작은 가지에 눈이 뚜렷
하다. 잎은 어긋나고 난형 또는 타원형이고 봄에 흰 꽃이 피며
가을에 열매가 붉게 익는다. 열매는 먹으며 과실주로 쓰인다.
　한국, 일본, 만주 등 분포.

푸조나무

산에 자생하며 높이 20 m 가량 자라고 새 가지에는 털이 나고 잎은 어긋나며 난형이다.

잎 가장자리에는 톱니가 있으며 봄에 담록색 꽃이 핀다. 가을에는 열매가 검게 익으며 열매는 먹고 과실주로 이용된다.

목재는 가구를 만드는 데 쓰이고, 전라도와 경상도 해안을 따라 강화도까지 분포한다.

일본, 중국 등 분포.

푸조나무

풀명자

　가지에 가시가 있고 잎은 어긋나며 가장자리에 톱니가 있다. 4
~5월에 적색 꽃이 피며 열매는 황색으로 익는다. 관상용으로 많
이 심으며 분재로도 많이 가꾸어진다. 열매는 식용 또는 과실주
로 이용한다. 한약재로도 쓴다.

　한국, 일본 등지 분포.

하늘타리

　산이나 들의 계곡 또는 밭둑에서 자생되는데 줄기는 3～5m 까지 뻗고 덩굴손이 있어 다른 나무를 감고 올라간다. 잎은 어긋나고 5～7개로 갈라져 있으며, 여름에는 흰 꽃이 박꽃 모양으로 피는데, 꽃잎 끝에 실 같은 것이 달린다.

　열매는 주먹만하게 타원형 또는 원형으로 달리는데 익으면 주황색으로 된다. 뿌리, 열매, 종자는 한약재로 쓰며 뿌리에서 녹말을 내 식용한다.

　한국, 일본, 중국, 대만 등 분포.

할미꽃

미나리아재빗과 다년생초

온줄기에 흰 털이 많이 나 있고 높이 15~30cm까지 자라며 잎은 잎자루가 길고 5개의 작은 잎으로 깃과 같이 겹으로 핀다. 봄에 자줏빛 꽃이 줄기 끝에서 땅을 향하여 고개를 숙이고 핀다. 꽃이 진 뒤는 수술이 수염처럼 하얗게 자라 할머니의 흰 머리카락처럼 땅으로 숙여 늘어져 할미꽃이라 했다.

뿌리는 이질의 지사제로 민가에서 학질, 신경통에 쓰이고, 또한 뿌리를 말려 두었다가 이가 아플 때 참기름을 끓여 할미꽃 뿌리로 끓는 기름을 찍어 바르면 통증이 멈춘다고 했다. 독이 있는 식물이므로 먹으면 안 된다.

한국, 일본, 만주, 중국 등 분포.

해당화

바닷가, 모래땅에 주로 자생된다.

줄기의 키는 1~1.5 m 정도 자라며 가시가 많이 돋아 있다. 잎은 5~7개의 작은 잎으로 된 깃꼴겹잎이며 어긋난다. 5~7월에 짙은 홍색의 꽃이 1~3개씩 피며, 열매는 장미꽃 열매와 비슷하게 생겼으며, 8월에 붉게 익는다. 집에서는 관상용으로 심기도 하고 꽃은 향수 원료로 쓰인다. 열매에는 비타민 C가 많이 들어 있어서 그대로 먹을 수 있으나 잼으로 만들어 먹는 것이 좋으며 약용으로 쓰인다.

한국, 일본, 중국 등 분포.

호두나무

가래나뭇과 낙엽 활엽 교목

높이 20m 내 이르고 가지는 굵고 사방으로 퍼진다. 나무껍질은 회백색이며 잎은 5~7개의 작은 잎으로 피며 깃꼴겹잎이고 어긋난다.

자웅 동주로 4~5월에 꽃이 피는데 수꽃은 이삭 모양 달리고 암꽃은 수상으로 곧게 달린다. 10월경에 열매가 익어 표피가 갈라지며 호두알이 보인다. 호두는 기름이 많은 과일이며 먹으면 고소하고 맛이 좋다. 목재는 가구를 만드는 데 사용된다.

우리나라 중부 이남과 일본, 유럽 남동부 등에 분포된다.

화살나무

노박덩굴과 낙엽 활엽 관목

 산기슭, 돌더미, 암석 주위에서 자생하며, 키는 3m 가량 자라고, 잔가지에 2~4개의 코르크질의 날개 같은 것이 달려 있다.

 잎은 마주나고 타원형이며 5월에 황록색 꽃이 피며 열매는 10월에 붉게 익는다.

 어린 잎은 나물이나 국을 끓여 먹는다. 나뭇가지는 한약재로 이용된다.

 한국, 일본, 중국, 사할린 등지 분포.

화살나무

황새냉이

겨잣과 이년생초

논이나 밭의 습기가 많은 곳에서 자생되며 줄기의 높이는 10 ~30cm 정도 자란다. 가지는 밑에서부터 갈라져 나고 잎은 7~ 17개의 작은 잎으로 된 깃꼴겹잎인데 어긋난다.

4~5월에 흰 꽃이 피며 열매가 익으면 둘로 갈라져 뒤로 말린다. 어린순은 따서 김치를 담가 먹고, 가볍게 데쳐서 나물로도 먹으며 또는 잘게 썰어서 나물밥도 지어 먹는다. 고깃국에 넣어도 먹고 기름에 튀기거나 전을 부쳐서 먹기도 한다.

우리나라와 북반구 온대지방에 분포.

가락지나물

장미과 다년생초

들의 습기 있는 곳에 자생하며 키는 20~60㎝ 가량이고 비스듬히 누워 자란다. 밑에 나는 잎은 5개씩 나며 줄기에 나는 잎은 세 개씩 달리는데 위로 올라갈수록 잎은 작아진다. 꽃은 5~7월에 황색으로 피며 흰털이 나 있다. 어린순은 데쳐서 나물로 먹는다.

우리나라 전역에 자라고 일본 등 분포.

각시둥글레

깊은 산속 나무숲에 자생하며 근경은 길게 자라고 줄기 높이는 15~30㎝ 가량 자라고 잎은 어긋나며 잎자루가 없다.

5~6월에 녹백색 꽃이 잎겨드랑이에서 1개씩 달리며 열매는 짙은 하늘색으로 익는다. 어린 줄기는 데쳐서 나물로 먹는다.

한국, 일본, 중국 등 분포.

갈퀴나물

들에 자생되며 뿌리를 뻗으며 네모가 나 있다. 줄기는 1~2m 정도 자라며 잎은 어긋나거나 마주나 있으며 갈라져 덩굴손이 된다. 6~9월경 잎겨드랑이에서 붉은 자주색의 꽃이 많이 핀다.

씨는 콩꼬투리 모양처럼 생겼으며 납작하고 털이 없다. 씨와 뿌리로 번식하며 봄에 어린순은 나물로 먹으며 가축 사료로 쓰인다.

우리나라 전국, 일본 등 분포.

개갓냉이

저지대의 밭이나 들에 자생되며 키는 20~50㎝ 자라고 가지가 많이 갈라지는 풀이다.

꽃은 5~6월에 피고 황색이며 어린순을 따서 데쳐 나물로 무쳐 먹는다.

한국, 일본, 중국, 인도 등지 분포.

기린초

산이나 들의 바위 위에서 자생한다. 뿌리줄기는 살이 쪘고 줄기는 소복이 난다. 키는 30㎝ 정도 자라며 잎은 어긋나고 난형으로 톱니가 있다. 6~7월에 노란 꽃이 피는데 위에서 모여 핀다. 연한 순은 나물로 먹는다.

한국, 일본, 중국 등지 분포.

꿩의다리

산에 자생되며 줄기는 50∼100㎝ 정도 자라고 속이 비어 있다. 잎은 어긋나고 초여름에 엷은 녹색의 꽃이 핀다.

어린 잎과 줄기는 데쳐 나물로 무쳐 먹는다.

한국, 일본 등지 분포.

닭의장풀

닭의장풀과 일년생초

 밭이나 들에 자생하며 높이 15㎝~1m까지 옆으로 뻗으며 자라는데 마디마다 땅에 다면 뿌리가 나와 생장력이 강한 풀이다. 꽃은 7~8월에 연보라색으로 피며 어린순을 따서 끓는 물에 데쳐 나물로 무쳐 먹는다. 풀 전체는 약용으로 이용된다.

 한국, 일본, 북아메리카 등지 분포.

등골나물

산과 들에 자생되며 몸 전체에 솜털이 있고 키는 70㎝ 가량 자란다. 밑에서 나는 잎은 작으며 꽃이 필 때 없어진다. 윗잎은 마주나며 잎자루가 있다. 잎의 앞면은 녹색, 뒷면은 털이 있다. 꽃은 흰자주색이고 7~10월에 위에 모여 핀다.

어린순은 데쳐 나물로 무쳐 먹는다.

한국, 중국, 만주, 일본 등 분포.

땃두릅나무

두릅나뭇과 낙엽 활엽 관목

　지리산이나 울릉도 높은 지대에 자라며 2~3m까지 자란다. 모양은 두릅과 같으나 땅속에서 어린순이 올라와 나무같이 자란다. 꽃은 7~8월에 연황색으로 피며 어린순은 데쳐 나물로 무쳐 먹거나 초고추장에 찍어 먹으면 맛이 좋다.
　한국, 중국 등지 분포.

떡쑥

　주로 밭도랑이나 근처에서 자생되며 높이 15~40㎝ 자라고 풀 전체가 백색 솜털로 덮여 있어 흰색이 돈다.

　꽃은 5~7월에 황색으로 핀다. 어린순은 끓는 물에 데쳐 우려 낸 다음 나물로 무쳐 먹는다. 또한 다 자란 풀은 민간요법으로 기침약으로 사용한다.

뚝갈

마타릿과 다년생초

　야산, 들에 자생되며 흰털이 많이 나고 키는 1m 정도 자란다.
　잎은 어긋나고 편면은 녹색, 뒷면은 백색이 돌고 가장자리 톱니가 있다. 꽃은 7~8월에 백색으로 원줄기 끝에 모여 핀다. 봄에 연한 순은 나물로 무쳐 먹는다.
　우리나라를 비롯하여 동아시아 전역에 분포.

뿌리뱅이

들에서 자라며 크기 15~100cm까지 자라며 잎에 솜털이 있다.
꽃은 5~6월에 피며 황색이다.
    어린순은 데쳐 나물로 무쳐 먹는다.
    한국, 중국, 인도 등지 분포.

산마늘

백합과 다년생초

　지리산, 설악산, 울릉도 지방 숲속 또는 높은 산악지대에 군생되며 뿌리의 길이는 4~7㎝ 정도이고 잎은 넓고 2~3개씩 달린다. 크기는 18~30㎝ 자라며 잎의 가장자리는 밋밋하다. 꽃은 5~7월에 백색 또는 분홍색으로 핀다. 뿌리줄기와 어린 싹은 데쳐 나물로 무쳐 먹기도 하고 쌈으로 싸먹어도 좋다. 울릉도에서는 이른봄에 눈 속에서도 많이 채취하여 먹는다.

　한국, 중국 동북부 등지 분포.

산부추

산에서 자라고 잎은 2~3개가 나오며 꽃은 8~9월에 홍자색으로 피며 줄기의 키는 30~60㎝까지 자란다.

집에서 재배하는 부추와 모양이 비슷하며 요리도 부추와 마찬가지로 하여 나물로 먹는다.

한국, 일본, 중국 등 분포.

산부추
백합과 다년생초

삿갓나물
백합과 다년생초

깊은 산 숲속에서 자생되며 뿌리는 옆으로 길게 자란다. 높이 20~40㎝까지 자라며 6~8개의 잎이 줄기에 돌려난다. 꽃은 6~7월에 돌려난 잎 가운데 1개의 꽃대가 나와서 위를 향해 황색으로 핀다. 열매는 둥글고 자흑색으로 익는다.

어린순은 데쳐 찬물에 우려낸 다음 무쳐서 나물로 먹으나 뿌리에는 독성이 있다.

한국, 중국, 일본 등 분포.

섬쑥부쟁이

　울릉도에서 자생되는데 크기 1~1.5m 가량 자라고, 꽃은 8~9월에 피며 어린 잎은 데쳐 나물로 무쳐 먹는다.

　한국, 일본 등지에 분포.

속속이풀
겨잣과 이년생초

    저지대 습기가 많은 땅에 자생되며 키는 30~60㎝ 자라고 털이 없으며 윗부위에서 가지가 갈라져 있다. 꽃은 5~6월에 피며 황색이다.

    어린순은 따서 데쳐 나물로 무쳐 먹는다.

    온대에서 난대에 걸쳐 널리 분포.

쇠비름

들이나 밭에 많이 자생되며 다육질의 식물로서 높이 30㎝ 가량 자라고 옆으로 비스듬히 자란다. 일종의 잡초로서 농가에서는 골치 아픈 풀이다. 김을 매어 뽑아 놓은 풀도 비만 오면 다시 살아나곤 하여 곡식에 해를 끼친다.

꽃은 6월부터 가을까지 계속 피며 황색이다. 연한 부분은 데쳐 말렸다가 나물로 무쳐 먹는다.

전세계의 온대에서 열대에까지 분포.

쇠서나물

들에서 높이 90㎝까지 자라며 줄기에 갈색 털이 난다.

꽃은 6~9월에 황색으로 가지 끝에 피며 어린순을 따서 끓는 물에 데쳐 우려낸 다음 나물로 무쳐 먹는다.

한국, 일본, 사할린 등지 분포.

웅굿나물

냇가나 밭도랑에 자생되며 키가. 30~100㎝ 자라고 위에서 가지가 퍼져 자란다.

꽃은 8~10월에 백색 꽃잎에 중앙에 황색으로 핀다. 어린순은 나물로 무쳐서 먹는다.

한국, 일본, 만주, 중국 등 분포.

자리공

자리공과 다년생초

  농가 근처에 자라며 키는 1m 정도 크며 뿌리가 굵어진다. 꽃
은 5~6월에 백색으로 피며 독성이 있는 풀이므로 끓는 물에 데
쳐 우려낸 다음 무쳐서 나물로 먹는다. 뿌리는 한방에서 이뇨제
로 사용한다.

  중국 원산이며 산의 그늘진 곳에 저절로 나는데 집 부근에 심
기도 한다.

자리공

중나리

산에서 나며 높이 1m까지 자란다.

구근 모양의 비늘줄기가 있는데 둥글며 비늘줄기에 뿌리가 난다. 잎은 호생하며 꽃은 7~8월에 밑을 향하여 피고, 꽃색은 황적색으로 자주색 반점이 중앙으로 많이 돋아 나며 꽃잎 끝이 뒤로 말린다. 어린 잎은 나물로 무쳐 먹으며 한약재로 쓰인다.

한국, 일본, 중국 등 분포.

청미래덩굴

백합과 낙엽 덩굴성 관목

　줄기는 마디가 굽으면서 약 2m까지 자라고 가시가 있다. 잎은 어긋나고 넓은 타원형이며 두껍고 윤기가 난다. 5월경 황록색으로 피며 열매는 붉게 한 꼬투리에 여러 개씩 모여 익는다.

　어린순은 나물로 무쳐 먹고 연한 잎은 쌈으로 먹으며 찹쌀떡을 싸서 놓아도 좋다. 뿌리는 약재로 쓰이고 잔뿌리는 묶어 예전에는 솥 닦는 솔로 사용하였다.

　한국, 일본, 중국, 필리핀 등 분포.

호장근

  주로 개천 둑이나 들에 자생되며 근경이 옆으로 자라면서 새
싹이 돋아 포기를 형성하며 군생한다. 높이 1m 가량 자라며 굵
은 대궁은 속이 비어 있다.

  꽃은 6~8월에 흰색으로 피며 한방에서는 뿌리를 호장근이라
하여 이뇨, 통경제로 사용하고 민가에서는 진정제로 쓰여 왔다.

  우리나라 전역에 분포된다.

산나물 들나물

1판 5쇄·2006. 6. 20.

지은이 • 김철영
펴낸이 • 김철영
펴낸곳 • 전원문화사
　　　　☏ 157-033 서울시 강서구 등촌3동 684-1
　　　　에이스 테크노타워 203호
　　　　☎ 6735-2100~2 / Fax 6735-2103
등록 • 1977. 5. 23. 제 6-23호

Copyright ⓒ 1993, by Jeon-won Publishing Co.
이 책의 내용은 저작권법에 따라 보호받고 있습니다.

정가·10,000원

잘못 만들어진 책은 바꾸어 드립니다.
ISBN • 89-333-0039-2 13480